"互联网+"智慧博物馆的创新路径研究

冯瑛 著

吉林摄影出版社
·长春·

图书在版编目（CIP）数据

"互联网+"智慧博物馆的创新路径研究 / 冯瑛著. -- 长春：吉林摄影出版社，2022.11
ISBN 978-7-5498-5659-6

Ⅰ．①互… Ⅱ．①冯… Ⅲ．①互联网络－应用－博物馆－工作－研究 Ⅳ．①G26-39

中国版本图书馆CIP数据核字（2022）第229029号

"互联网+"智慧博物馆的创新路径研究
"HULIANWANG"+ZHIHUI BOWUGUAN DE CHUANGXIN LUJING YANJIU

著　　者	冯　瑛
出 版 人	车　强
责任编辑	樊　华
封面设计	文　亮
开　　本	787毫米×1092毫米　1/16
字　　数	200千字
印　　张	10.5
版　　次	2022年11月第1版
印　　次	2023年1月第1次印刷
出　　版	吉林摄影出版社
发　　行	吉林摄影出版社
地　　址	长春市净月高新技术开发区福祉大路5788号
	邮编：130118
网　　址	www.jlsycbs.net
电　　话	总编办：0431-81629821
	发行科：0431-81629829
印　　刷	河北创联印刷有限公司
书　　号	ISBN 978-7-5498-5659-6　　定　价：56.00元

版权所有　　侵权必究

前　言

在互联网快速发展过程中，出现了云计算、物联网与大数据等技术，在人们的生活当中，"互联网+"也占据了重要地位。将以上技术应用于打造智慧博物馆，建立服务公众平台，逐渐完善博物馆的智慧标准以及安全体系，是当前公共文化机构面临的重点问题。

2018年10月8日，中共中央办公厅、国务院办公厅颁布的《关于加强文物保护利用改革的若干意见》中进一步明确提出"发展智慧博物馆，打造博物馆网络矩阵，激发博物馆创新活力"，因此，我们要应该积极开展新时代下博物馆创新活动，将"互联网+"与"文博行业"相融合，利用云计算、物联网等技术实现博物馆文物保护、文化传播、服务与管理的智慧化，创新文化产业，深入挖掘文物中蕴含的各种历史文化、艺术瑰宝的价值与时代精神，彰显中华文明独特魅力，丰富文化的供给，促进文化消费升级。

本书从概念、组成、作用等方面简述智慧博物馆内容，并从互联网应用、加大资金投入、完善基础设施等方面阐述具体建设路径。具体内容包括智慧博物馆概述、智慧博物馆研究、智慧博物馆体系结构、智慧博物馆的数字资源建设、智慧博物馆的建设标准及思路，以及智慧博物馆创新路径等，对构建新型的智慧管理局面，从而对博物馆中存在的问题进行有效的解决，推动博物馆在"互联网+"背景下成功转型和稳定发展进行了详细分析。

本书在写作和修改过程中，查阅和引用了相关书籍及期刊，在此谨向本书所引用资料的作者表示诚挚的感谢。诚然，本书编写作者学识有限、经验不足，书中难免存在疏漏，请广大学者和同行批评指正，提出宝贵的意见与建议，以便日后修订完善。

目 录

第一章 智慧博物馆概述 ... 1
- 第一节 智慧博物馆概念与内涵 ... 1
- 第二节 智慧博物馆特征分析 ... 4
- 第三节 智慧博物馆发展背景 ... 6
- 第四节 "互联网+"背景下智慧博物馆建设的必要性 ... 7
- 第五节 "互联网+"背景下智慧博物馆建设面临的问题及创新路径 ... 8

第二章 智慧博物馆研究 ... 13
- 第一节 智慧博物馆相关问题 ... 13
- 第二节 智慧博物馆关键技术及实际应用案例 ... 18

第三章 智慧博物馆体系结构 ... 26
- 第一节 基本体系结构 ... 27
- 第二节 分布式结构 ... 31
- 第三节 面向服务的体系结构 ... 34
- 第四节 网格体系结构 ... 38
- 第五节 云计算体系结构 ... 41

第四章 智慧博物馆的数字资源建设 ... 45
- 第一节 数字资源的概念 ... 45
- 第二节 数字资源采集 ... 52
- 第三节 相关元数据标准之分析 ... 63
- 第四节 面向服务的数字资源管理 ... 70

第五章 智慧博物馆的建设标准及思路 ... 73
- 第一节 建设标准 ... 73

第二节 智慧管理 …………………………………………………………… 82
   第三节 智慧保护 …………………………………………………………… 86
   第四节 智慧服务 …………………………………………………………… 89
   第五节 智慧传播 …………………………………………………………… 94
第六章 智慧博物馆创新路径 ……………………………………………………… 104
   第一节 博物馆的文化自信与传承创新 …………………………………… 104
   第二节 智慧博物馆的展陈模式创新 ……………………………………… 108
   第三节 智慧博物馆的文创研发创新 ……………………………………… 112
   第四节 大数据智慧博物馆创新建设路径及其对应策略 ………………… 115
   第五节 博物馆集群化发展模式与协同创新多元云架构 ………………… 125
   第六节 5G 时代智慧博物馆的发展畅想 …………………………………… 134
   第七节 智慧博物馆与人工智能的完美融合 ……………………………… 152
参考文献 …………………………………………………………………………… 158

第一章　智慧博物馆概述

第一节　智慧博物馆概念与内涵

"智，知也，事无不知谓之智；慧，解也，洞察万物谓之慧。"智慧的概念通常强调两层意思：一是及时准确地获取事物全面信息，获取知识的能力；二是依据事物现象进行分析、推理、理解、判断和决策的能力。总体来说，即智慧是对事物能感知、记忆、理解、分析、计算、判断、创造等的高级综合能力。狭义地说，智慧博物馆是基于博物馆核心业务需求的智能化系统；广义地讲，智慧博物馆是基于一个或多个实体博物馆（博物馆群），是在文物尺度、建筑尺度、遗址尺度、城市尺度和无限尺度等不同尺度范围内，搭建的一个完整的博物馆智能生态系统。智慧博物馆以多模态感知的"数据化"替代数字博物馆集中式静态采集的"数字化"，并以此为基础，建立更加全面、深入和泛在的互联互通，消除信息孤岛，使人与人、人与物、物与物之间形成系统化的协同工作方式，从而形成更为深入的智能化博物馆运作体系。智慧博物馆淡化了实体博物馆间以及实体博物馆与数字博物馆之间的界限，形成了以博物馆业务需求为核心、以不断创新的技术手段为支撑，线上线下相结合的新型博物馆发展模式。智慧博物馆的智慧化要求主要体现在博物馆的社会服务能力、修复保护研究能力和综合管理能力的提升上，深入剖析实体博物馆和数字博物馆存在的问题，有助于准确认识和理解智慧博物馆的基本概念。

传统实体博物馆因观念、技术、场地、展陈等能力限制，以及有时出于对文物保护的考虑，所能展示、提供的文物信息量严重不足。博物馆藏品展示的普遍现象是：大量藏品没有机会展出，深藏馆中无人知晓，实体博物馆在时间、空间与展示形式上的这些内在局限性，制约了博物馆的社会教育和文化传播能力。

数字博物馆的出现，突破了藏品展陈的时空限制，丰富了藏品展陈方式，扩展了展陈内容，但仍旧存在局限性。在实际操作层面上，数字博物馆的建设主要包括两方面内容：一方面是在实体博物馆中借助3D显示、幻影成像、全息投影和触摸互动技术，搭建数字展厅，实现（数字化）藏品的现场展示；另一方面是依托互联网，搭建网上虚拟博物馆，实现（数字化）藏品的在线展示。长期以来，由于陷入技术主导的误区，业内对数字博物馆的内涵与外延争论不断，致使数字博物馆的建设缺乏清晰的路线图，甚至导致声光电技术在部分博物馆的滥用，虚拟博物馆整体上内容空洞、内容呈现匮乏；在内在机制层面上，数字博物馆的单向信息传递模式，数据模型基本上是静态的，很少考虑到软件对象及其关系对数据模型的影响。这就导致了数字博物馆所提供信息的时效性、真实性、交互性和现场体验感与实体博物馆存在巨大的差异。同时，也加快了博物馆内部各自为政和信息孤岛的形成，对管理、保护、教育和研究工作的系统支持有限。

随着人们对博物馆研究、保护、管理、展示、教育及服务等多方面需求的不断提升，以及物联网、云计算、大数据、人工智能等技术的发展，博物馆业务高度信息化成为可能。智慧博物馆作为博物馆伴随信息技术发展而形成的一种新形态逐渐显现。智慧博物馆跳出数字博物馆技术主导的误区，坚持需求驱动、业务引领，通过重新梳理和构建博物馆各要素的关联关系而形成合力，加强博物馆服务、保护和管理工作的协同。智慧博物馆突破了传统实体博物馆同虚拟博物馆和数字博物馆的界限，有效地融合了后二者的优势，以博物馆建筑为平台，以文物及观众为中心，强调通过泛在网络、移动通信技术实现无所不在的网络互联服务和随时随地随身的数据智能融合服务，实现用户与系统的信息无缝连接，为观众提供在任何时间、任何地点，访问任何感兴趣的藏品和博物馆信息的便捷服务。

智慧博物馆是在数字博物馆概念之后，由于科学技术的进步而演变发展起来的新生事物，它是在博物馆已有的信息化基础上逐步建立起来的新型博物馆形态，从技术角度来看，智慧博物馆可以表示为以下"公式"：

智慧博物馆＝信息化基础＋数字博物馆＋互联网＋物联网＋云计算＋大数据＋人工智能＋知识化服务＋……（创新应用）

信息化与数字博物馆都是智慧博物馆不可或缺的基础，它们为智慧博物馆这个庞大的"建筑群"搭建了地基，利用互联网的新业态与新模式，通过物联网、云计算、大数据、人工智能等新技术构筑"钢筋水泥"，以全面透彻的感知、宽带泛在的互联、智能融合的应用为特征的信息系统组建"智能大厦"，实现博物馆的智慧服务、智慧保护和智慧管理。为人类提供知识化的服务是博物馆的最大价值，而未来随着智慧博物馆的不断演进会不断涌现出更多意想不到的创新应用。

具体来说，智慧博物馆通过透彻的物件感知和移动通信，利用任何可以随时随地测量、捕获和传递信息的设备或系统，传递博物馆内各元素（物与人）之间的状态变化，并促发系统适应性的改变和流程性的变革，建立更加全面的互联互通，消灭信息孤岛，提供"物、人、数据"三者之间的双向多元信息交互通道。博物馆中人（包括线上和线下观众、博物馆工作者，以及相关机构和管理部门）、物（包括藏品，库房、展厅的各类仪器设备设施等）的信息可以通过各种传感器获取，并通过网络汇集，使得建立"人—物""物—物""人—人"之间的双向信息交互成为可能，同时结合云计算和大数据分析技术应用，将进一步实现对"物"的智能化控制。物联网、云计算、大数据、人工智能与数字博物馆的结合，使博物馆数字化进入了以智能化为主的阶段。

目前，对智慧博物馆的界定尚无统一的权威定义。本书结合国家文物局课题研究成果，提出智慧博物馆较通用的定义：智慧博物馆是通过充分运用物联网、云计算、大数据、人工智能等新一代信息技术，感知、计算、分析博物馆运行相关的人、物、活动等信息，实现博物馆征集、保护、展示、传播、研究和管理活动智能化，显著提升博物馆服务、保护、管理能力的博物馆发展新模式和新形态。其智慧性主要体现在服务、保护和管理几个方面，新技术的应用和选择要服务于需求，始终以博物馆需求为导向。具体内涵为：（1）更全面交互的公众智慧服务——以多维展现互动形式提高展示与教育服务能力，实现公众与文物交互的高度完美融合，提供观众无处不在的服务体验，让知识在潜移默化中传播。（2）更透彻感知的文物智慧保护——从"内"到"外"精准监测文物健康状态，提高文物预防性保护的深度和力度，在本体、环境、修复、运输、安防等方面真正实现文物风险预控。（3）更敏捷高效的业务智慧管理——最大限度地减少内部与外部管理工作中的人工参与，提升馆内业务协同效率，保障人、财、物的管理的精细化、决策的科学化。

智慧博物馆概念的提出，本质上是在新一代信息技术发展大潮下博物馆发展基调的理性回归，体现了博物馆业务需求在信息化进程中的主导地位。智慧博物馆的雏形正在逐步走入人们的思维与视野，博物馆的"物"将拥有日益丰富的感知能力与不断提升的"智商"，"物"与"人"（管理者、受众）相互沟通，信息无处不在的场景正在实现。这将极大地提升我国博物馆发展的可持续科技创新能力。智慧博物馆理念为博物馆创新发展提供了崭新思路，开辟了认识博物馆、发展博物馆的新视角。智慧博物馆建设必将推动博物馆工作模式的变革，是博物馆领域真正从思维模式到行动模式上的一场革新。

第二节 智慧博物馆特征分析

从社会公众、博物馆和公共管理等不同的视角出发，智慧博物馆会呈现不同的功能特征。片面地从某一独立视角去研究智慧博物馆的基本特征，或从任何单一维度去研究智慧博物馆的建设发展模式，都容易陷入一叶障目的狭隘片面区域，从而忽视了其他维度对智慧博物馆创新发展所形成的合力。为此，对智慧博物馆特征的分析研究，既要做到单一维度的深入研究，更需要探讨多个维度之间多元协同的交互关系。

考虑到智慧博物馆"以人为本"的"物、人、数据"动态双向多元信息传递模式，智慧博物馆需要综合考量多个维度，并在此坐标系下，将智慧博物馆基本特征分解为对不同维度具体实例及其多元关系组合的分析、建模与研究。在此基础上，给出基于角色（Hole）、对象（Object）、活动（Activity）、数据（Data）四个维度的智慧博物馆特征模型（简称ROAD）（见图1-1）。其中，角色（Role）

为参与智慧博物馆活动的个人或组织机构，是智慧博物馆活动的参与者，包括博物馆、公众、公共管理部门；对象（Object）是智慧博物馆赖以存在的主要资源，包括藏品、展品、库房、展厅，以及信息化设施等；活动（Activity）是博物馆的核心职能，包括征集、保护、研究和展示传播等；数据则包括藏品的本体数据、环境数据、游客数据、档案资料和网络数据等。

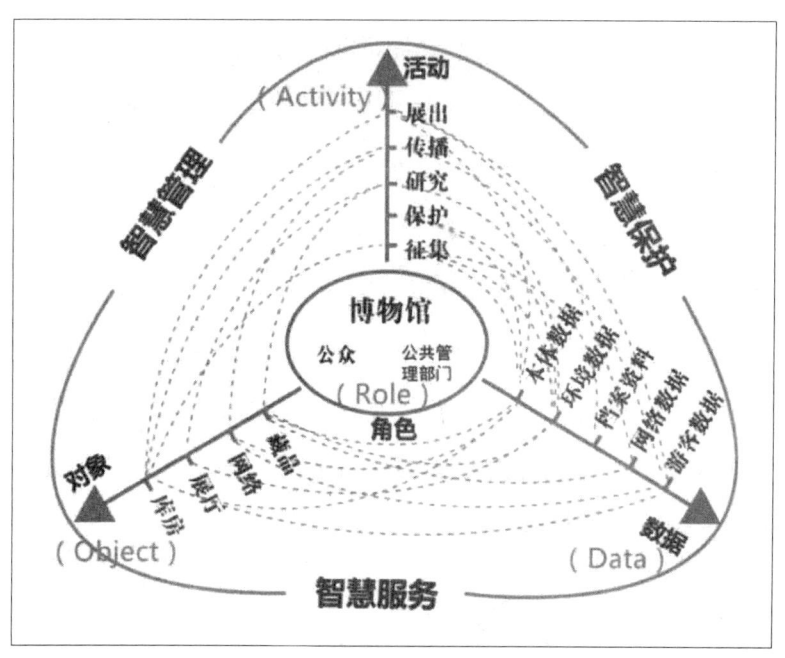

图1-1 智慧博物馆特征模型ROAD

在ROAD模型的四个维度基础上，最为重要的是不同维度具体实例所组成的多元协同关系。这种关系具体以三种形式存在：第一，各维度自身所组成的自反构建关系；第二，不同维度之间所构成的双向作用关系；第三，多个维度共同构成的多元协作关系。例如，在对象维度上，不同藏品之间、藏品与展品之间、藏品与环境之间构成了智慧博物馆内涵中"物—物"关系实例；角色与对象、角色与数据、对象与数据之间，构成了"物↔人""人↔数据""物↔数据"等双向二元关系实例；而角色、对象、活动、数据四个维度共同构成了"物↔人↔数据"的多元协同关系。

智慧博物馆ROAD特征模型的提出，使我们能够更为清楚地了解智慧博物馆的内涵与特性，为智慧博物馆特征模型提出了若干区别于传统实体博物馆和数字博物馆的崭新特征。例如，面向智慧管理和服务的云计算与大数据平台、面向文物保护的馆藏文物保存环境监控系统、面向公众的个性化智能导览系统，以及公众由过去单一的知识获取者变为博物馆的参与者、建设者等，从而明确了智慧博物馆区别于实体博物馆和数字博物馆的建设任务与未来发展方向。

第三节　智慧博物馆发展背景

博物馆的信息化主要是指博物馆的各个部门充分利用互联网、服务器、终端计算机、通信设备和其他数字化技术的应用手段，构成一个以收藏品和其他相关的数据库信息为主要基础、以移动互联网技术为主要支撑的综合性数字化经营运作体系。博物馆的信息化不仅有助于促进我国博物馆在更深层次、广度上开发，还可促使我国博物馆更好地改进其工作过程，强化其科学管理，继而提升我国博物馆的工作效率、改善我国博物馆的文化形象、推动其科研与发展，促使博物馆公共服务机构职能的实现。

一、坚守博物馆的理念

博物馆在社会文化发展建设中越来越显示其重要性，就在于各博物馆坚守了为社会服务、传播文化、参与社会文化建设的理念。2008年，中共中央宣传部、财政部、文化和旅游部以及国家文物局联合发布《关于全国博物馆、纪念馆免费开放的通知》，一大批博物馆实行免费开放，这是博物馆实现其社会价值和功能的转折点。在信息时代，博物馆不应被眼花缭乱的新技术迷失自我，而是要清醒地认识新技术的特点，充分利用新技术，彰显博物馆文化理念和文化个性。信息时代，无论何种新技术的利用都离不开数据库及其应用，因此博物馆信息化的核心就是逐步实现博物馆藏品和研究数据库的共享，并逐步实现从有条件的共享到无条件的共享，以真正达到以藏品为社会文化建设服务的理念。这是博物馆实现其社会价值和功能的转折点。

二、强化服务型的体现

当今,云计算技术应用获得了大规模的普及。所谓的效用云计算就是基于分布式计算基础技术的一种,主要是基于计算机的虚拟自动化(virtualization)、效用虚拟计算(utilitycomputing)、Iaas(基础网络计算,基础软件设施平台即网络服务)、paas(基础网络平台设施即基础服务)、saas(网络软件平台即基础服务)等多种网络计算基础技术的有机构成组合。云计算的核心理念是组合一切有效资源搭建一个以服务客户为宗旨的平台。云计算所强调的服务理念,正体现了信息化时代的本质,这也是博物馆信息化的本质。

三、信息化中的文化传播模式

信息化时代的服务有着针对性、快捷性以及准确性的特点,博物馆信息化的服务也是如此。在信息化的条件下,博物馆可以数字化技术有效地对观众需求进行分类,然后根据不同的需求提供有个性化的服务。同样,也可以利用数字化技术,将博物馆所提供的服务,分成功能与目标不同的模块。

在信息时代,博物馆文化传播将依然沿用传统的文化传播方式,如社区活动、博物馆课堂、市民讲座等。但是,由信息化所派生出来的基于个性化服务的文化传播基本上是模块化服务,通过不同模块服务的不同组合,以实现个性化服务的要求。博物馆信息化条件下的模块化服务是博物馆文化传播新模式。

第四节 "互联网+"背景下智慧博物馆建设的必要性

一、符合时代特征

博物馆属于交流文化,是开展社会教育活动的重要场所,在发展过程中,只有不断创新自身服务形式,才能巩固受众基础,为自身发展提供动力。智慧博物馆的建设，有助于博物馆服务功能的创新，使其发展符合时代特征。加强图书馆的信息化建设，促使各项管理工作以及服务形式不断创新，打造出智慧博物馆，为人们提供多样化的文化交流和学习形式。

二、体现职能需求

博物馆的主要职能是陈列或者典藏各类具有历史性、艺术性、科研价值的物品，向公众提供教育、学习、娱乐等服务。在打造智慧博物馆过程中，应用互联网基础结合博物馆相关服务，可为公众呈现出虚拟形式的博物馆，展现出其各种职能，将实体博物馆中教育渠道进一步拓宽，拉近公众、文化、科技之间的距离，让人们随时欣赏到图书馆中的文化信息，为公众提供便捷的服务平台。因此，智慧博物馆的建设可完善其自身职能。

三、智慧城市发展需要

依托互联网建设智慧博物馆可对历史、文化等进行传承和保护，缓解当前博物馆中文化资源的分配不均衡问题。博物馆作为文化产业支柱，在发展过程高效利用互联网，可向公众展现出其核心价值，实现文化资源共享，助力智慧城市建设。

第五节 "互联网+"背景下智慧博物馆建设面临的问题及创新路径

一、"互联网+"背景下智慧博物馆建设面临的主要问题

智慧博物馆的建设非常热烈，各种信息技术与其他领域的尖端科技相结合，不断地引发以智能为特征的技术突破，让智慧博物馆的建设成为全球各国的共识。但是与信息技术的发展相比较，智慧博物馆的发展较为滞后，智慧博物馆

的建设依旧存在较多问题。

（一）缺乏统一的标准

智慧博物馆的建设并不是各种应用以及技术的简单堆砌，而是需要一套完整的体系，其中包括人、设备、制度、应用、管理等多方面体系的融合，应当在统一的标准指导下，根据每个博物馆的实际情况进行适当调整以及完善。

虽然我国在2017年已经出台了将智慧博物馆纳入建设的相关规划，其中明确要求智慧博物馆需要运用物联网、云计算、大数据计算等信息化技术支撑智慧博物馆框架体系。但是，目前世界各地的博物馆在进行智慧化建设时依旧没有统一的规划。缺少标准将会严重限制智慧博物馆的发展。

（二）部门之间缺乏有效的沟通

在传统的博物馆体系中，部门的独立性较强，相互之间的沟通次数较少，沟通效率低下。智慧博物馆的核心要求则是智能高效，需要各部门之间的沟通顺畅、积极配合。目前传统博物馆在文物保护、文物展示、服务社会等多方面都由于制度的限制无法有效地进行智慧博物馆建设。

（三）版权缺乏保护

版权缺乏保护的问题主要出现在博物馆信息的保护与利用过程中。在博物馆信息化以及智慧化的过程中不可避免地会将文物以数字的形式在网络上进行开发以及展示，即使是数字化的文物也会存在版权的问题。博物馆对文物通过虚拟建模后，将数据上传至互联网供游客观看。此举虽然大大增加了参观人数，但是出现了文物的数据以及知识产权的保护问题。这是博物馆智慧化过程中的一个重大问题，博物馆必须保护藏品的版权与数据。

（四）资金与人才投入少

由于博物馆的性质大多属于公益性，在博物馆智慧化的过程中，无论是技术的研发还是设备的购买都需要消耗大量资金。缺少资金会导致博物馆的硬件和软件出现严重短缺，无法满足博物馆智慧化的需求，在很大程度上制约了博物馆的发展。

与此同时，我国智慧博物馆建设人才严重缺乏。智慧博物馆的建设需要大量技术型、管理型等方面的专业人才，但目前我国智慧博物馆人才建设体系无法满足当下智慧博物馆的建设需求。

二、"互联网+"背景下智慧博物馆的建设路径

（一）高效应用互联网

科技的发展为智慧博物馆的建设提供了技术力量，随着计算机、互联网等技术的发展，在建设过程中高效应用可促使具体工作的实效性更强。例如，在博物馆的各项管理工作中，将虚拟技术应用其中，可提高信息化管理内容的真实性。同时，应用先进的互联网技术还可以促使博物馆对保护非物质文化遗产等各项工作更加完善。使用虚拟技术、数字建模及互联网技术等，可最大限度将我国古代文物面貌还原。当前，国内大部分的博物馆内都配置了大屏幕，应用屏幕为人们展示和博物馆有关内容。重点应用互联网技术，将屏幕中播放内容加以扩展。用户和使用虚拟模式登录博物馆账号，浏览相关内容，如影音资料、文本图像等。在互联网的应用下，大多博物馆可同时容纳大量用户登录平台，使博物馆在同一时间段内服务的用户数量更多，促使智慧博物馆的建设不断发展。

（二）增加资金投入

当前，我国大部分的博物馆向人们免费开放，博物馆内的日常运营资金来源主要依赖国家的财政拨款。应专门为智慧博物馆的建设划分出专项财政投入，增加资金投入力度。同时还可推出优惠政策，鼓励社会资本向博物馆中投入，为投入企业或者个人提供优惠政策，丰富我国博物馆信息化建设过程的资金来源方式。智慧博物馆的建设离不开资金的支持，只有具备强大的资金链，才可向博物馆中引入信息化建设所需的硬件设施、软件设施、信息、人才等。例如，加强计算机、信息化管理软件等基础信息化设施的建设，促使博物馆中的各项管理工作和服务工作具备基础设施的支持。同时，在智慧博物馆建设过程中，人才是应

用信息化技术的重要基础。在"互联网+"基础上，应加大掌握信息技术、网络技术等综合型人才的引入，高效利用各种信息化资源，助力智慧博物馆建设快速完成。将智能博物馆建设过程资金来源加以拓展，并加强信息化建设过程的投入，依托"互联网+"背景合理选择信息化硬件和软件，引入高端人才，为智慧博物馆建设提供坚实的物质和人才保障。

（三）完善基础网络设施

"互联网+"背景下，只有对当前博物馆中的网络资源高效利用，才能完成各类信息资源的在线共享。依托互联网资源，将博物馆的基础网络设施进一步完善，共同打造不同博物馆间的共享信息平台。在具体完善过程中，可将实力雄厚的国有博物馆、大型博物馆等作为主导，推动博物馆信息化系统的总体运营，在基础设施完善过程中，充分利用互联网技术和数据技术等，打造智慧博物馆数据库，高效应用博物馆中的各种资源，并对馆藏资源进行合理利用与管理。利用信息技术，强化各种移动终端类产品的开发，在互联网背景下，将博物馆具有的文化交流功能以及服务公众的社会属性最大限度开发出来。在完善的网络基础下，博物馆中的管理人员以及用户二者之间能高效互动，让用户在博物馆中享受到更多个性化的服务。当前，大部分博物馆中基础的网络连接形式有两种：一是有线网络；二是无线网络。在互联网的逐渐发展过程中，各类无线网络以及相关产品逐渐被应用到博物馆的信息化建设过程，使博物馆服务用户的形式也不断更新，可满足用户的多样化需求。无线网络是将有线网络进行拓展以及完善，使博物馆内各项服务活动不再受到以往设备和端口位置之间的制约。在互联网支持下，促使智慧博物馆的建设进程逐渐加快。对此博物馆应不断完善自身的基础网络设施，使更多信息化设备能高效应用其中，为智慧博物馆的建设提供网络支持。

（四）利用数据技术展开个性化服务

在智慧博物馆建设过程中，应充分利用数据技术，挖掘网络数据库中的信息，为人们提供多样化的服务。在应用大数据技术时，重点是对数据进行处理。当前，我国智慧博物馆建设过程中，一部分博物馆将关注点放在了科技投入方向上，未能重视人们的直观体验，创新博物馆的服务形式。产生这一现象的原因是对互联网条件下，数据在智慧博物馆功能方面发挥的巨大作用缺乏理解。打造智慧博物馆主要目的是吸引更多受众来到博物馆接受教育，同时为不便来到博物馆参观的人们提供享受教育的便利条件。因此，在数据挖掘和处理过程，重点应对博物馆内参观人数的流量数据展开收集。例如，某博物馆基于"互联网+"的时代背景下，积极建设智慧博物馆，重点引进智能数据系统，通过专业的数据人才，利用数据技术对博物馆年度参观量、各个展厅参观量、实践活动参与量、馆内参观人群性别、年龄等数据进行全面统计，按照数据分析结果，制定出特色服务。针对数据流量大的展馆重点打造，按照参观者的兴趣爱好和年龄特征等提供实践活动，为博物馆带来更多参观流量，展现出智慧博物馆服务社会的职能，满足公众对智慧博物馆的功能需求。

综上所述，基于"互联网+"背景，建设智慧博物馆符合时代发展需求，同时能更好地体现出博物馆的智能，符合智慧城市建设需要。因此，在智慧博物馆建设过程中，相关部门应重点从互联网的应用、资金的投入、基础设施的完善等方面进行，促使智慧博物馆顺利完成建设，为人们提供更全面的服务。

第二章 智慧博物馆研究

近年来,大数据、云计算和物联网的出现,为数字博物馆的发展带来了新的机遇和挑战。如同社会其他领域一样,数字博物馆正在经历着一次新的飞跃——逐步发展成为以感知、互联和智能为特点的智慧博物馆,以实现"物"与"物"、"人"与"物"的信息交互。智慧博物馆能够很好地解决博物馆内各部门和各环节之间的资源割裂状态和存在的信息孤岛问题,以使各部门的职能发挥得更有效,使各类资源的利用最大化。为了更好地迈向智慧博物馆,需要厘清智慧博物馆的产生背景、概念、研究内容及关键技术,对其在智慧管理、智慧保护和智慧服务方面的内容进行初探,并对目前的实施状况进行分析,为后续的发展奠定基础。当然,对于仍处于起步阶段的智慧博物馆,体系的最终完善和成熟需要更多不同学科的专业人员进行资源整合,相互协作,持续不断地努力和探索。

第一节 智慧博物馆相关问题

一、产生背景

2009年中国提出了"感知中国"的概念,以物联网等先进技术为依托开始建设各类智慧系统。

智慧系统强调"物"与"物"的信息交互、"人"与"物"的信息交互,以及如何通过云计算和大数据分析技术,实现智能化的信息处理与分析,其特点可以被归纳为以下三个方面:

(1)更透彻的感知。充分利用任何可随时随地感知、测量、捕获和传递信息的设备、系统等,对信息进行实时采集、按需采集和自动采集,并可自行调整进行深入采集。

(2)更全面的互联。一是指网络联通对象的范围广,二是指网络联通方式多样。

(3)更深入的智能。基于大数据,借助云计算更智能地洞察世界,提供决策管理依据,进而创造新的价值。

二、内在前提

在 2007 年 8 月 24 日国际博物馆协会给出的博物馆定义中已经明确表述出博物馆的职能:博物馆是一个为社会及其发展服务的、向公众开放的非营利性常设机构,为教育、研究、欣赏的目的征集、保护、研究、传播并展出人类及人类环境的物质及非物质遗产。所以,如何提升博物馆的公众服务水平,能够满足不同观众群的需要,是博物馆最为关注的问题。其问题的解决,需要从博物馆的藏品管理、保护、研究到藏品展览、传播以及教育活动等多个方面着力,相互协作来实现。目前,许多博物馆并未充分发挥其资源优势进行社会服务和公众教育。其原因在于博物馆的很多资源或环节仍处于割裂状态、缺乏互通和联系,南京博物院信息中心主任张小朋研究员在《智慧博物馆:博物馆发展的新动力和新趋势》一文中对其具体表现进行了总结。

1. 藏品和藏品之间

不言而喻,藏品之间是有关联性的。同一个考古遗址,尤其是同一墓葬、地层中的出土物是密切相关的,即使是征集收购来的藏品也有可能出现相关性,如同一人、同一派别、同一地域、同一时期的物品。但在我国大部分按质地进行库房管理的博物馆中,这些藏品被分别保存,尤其是一些藏品数量众多的博物馆,仅通过手工藏品总账和分类账,极难将这些藏品迅速关联起来,年深日久,这种关联性就会慢慢湮灭在博物馆中。

2. 藏品和展品之间

展览的空间相对于藏品而言一般是不够的,或者是策展人主观地挑选出"典型器物"作为代表展览。这种将展品与相关藏品之间分离，并且不提供其他藏品信息的做法，大大局限了贴近真实的信息传递，尤其对那些人类集体失去了记忆的物品更是如此。对大部分普通受众而言只能被动接受展览所传递的信息。

3. 研究者和策展者之间

对藏品的研究是了解、解释历史，提供展览依据的基础，展览是史实或现象、规律、艺术和心理学的综合体。专业学科的研究者多数局限于本学科的内容，注重对能作为本学科物证的藏品研究，而缺乏对关联性和艺术性要求很高的展览的策展能力；策展人员通常注重内容的关联和艺术性、受众心理的把握，而对专业学科的研究了解不多，这样被策划出来的展览或是曲高和寡，或是流于平庸，主要原因在于研究者和策展者之间缺乏有效、快速的交流、融合，缺乏全面、及时的信息资源协助。

4. 受众和展品之间

绝大部分博物馆的展览都是由馆方根据博物馆定位、藏品类型和数量、研究成果等因素举办的，受众对于展览、展品一般只能是被动地接受，没有对展览内容调整的权力，更没有使用展品的权力。而受众对展品仅仅以看的方式是无法取得其全部信息，因此要充分利用各种感知方式来了解、使用展品，并通过知识的综合运用和推断来形成自己的认知。

5. 藏品/展品和保护之间

藏品是实体博物馆存在的基础物质，各种质地的藏品对温、湿度有着不同的要求，许多藏品对环境的变化非常敏感。在我国的绝大多数博物馆中，当藏品被集中保存在库房时，温、湿度的变化一般能做到良好的调控，但当藏品进入展厅成为展品时，由于缺少展柜的小环境调控手段，温、湿度就很难被控制在适合的范围内，多数是让展品适应公共空间中以人的舒适度为满足条件的温、湿度调节。

以上这些状况使得信息难以被共享和全面利用。同时因数据的价值挖掘程度有限，所以即使数据被局部使用也没有发挥其应有的作用，严重制约了博物馆的进一步发展。数字博物馆对信息割裂的状况有所改善，改变了博物馆与观众之间、观众与藏品之间的单向信息流动的状况，观众可以从自身需求出发向博物馆、藏品了解更多的信息，参与到围绕藏品的一系列活动中。观众不仅可以通过在线藏品检索功能查询、浏览到大量的藏品，而且可以获取藏品的研究信息，并能够进一步收集自己感兴趣的内容，构建自己的博物馆空间。此外，观众可以通过在线留言板、电子邮箱、论坛、博客、QQ、微信等发表自己对展览、藏品、服务、活动等的评论和意见，并直接向策展人员提出期望，向管理人员提出建议，向研究人员进行咨询。虽然这种方式方便了观众与博物馆之间的交流互动，然而它还是不能解决藏品和藏品之间、藏品和展品之间、展览和保护之间的信息交流问题。此外，不论是实体博物馆内的观众参观行为分析还是数字博物馆网站上的观众访问、浏览行为分析都是难以解决的问题。传统方式和技术不足以应对以上问题，只有通过新一代信息技术实现更彻底的感知、更广泛的互通、更深入的智能化，才有望弥合这些不同层面的信息断层，充分发挥博物馆教育大众、服务社会的职能。而物联网、云计算、大数据、移动互联等的出现正是为问题的解决带来了希望，为博物馆的进一步发展和提升注入了新动力。

三、名称及概念

　　智慧博物馆的名称取自"智慧地球"，因此其相应的英文名称应为"Smart Museum"，也有部分学者使用"I-Museum"的英文译名，强调智慧博物馆要围绕以人为本，可理解为"我的博物馆""Intelligent Museum"的用法也有部分出现。

　　目前关于智慧博物馆的确切定义还没有形成一个统一的表述，但是许多专家和学者都给出了较为直观的描述。Eiji Mizushima 曾在"What is An 'Intelligent Museum'？A Japanese View"一文中对智慧博物馆进行了如下描述：智慧博物馆能够（1）自动控制博物馆的运行、管理和展览；(2) 控制博物馆的环境（展览环境和保存环境）；(3) 具有信息和通信的能力；(4) 能够控制计算机和新媒体设施。而 Eduardo Viruete 等人在"e-Museum"项目中指出，智慧博物馆能够解决观众的需求，观众在虚拟人物的引导下参观展厅并可获得相应的信息咨询服务。Tuukka Ruotsalol 等研究人员在"Smartmuseum"项目中认为，智慧博物馆通过自适应的观众分析，来增强观众现场访问数字文化遗产的个性化体验，主要利用现场知识库、全球数字图书馆和观众体验知识，借助数字文化遗产资源，提供增强观众与文化遗产对象交互的多语种服务。

中国博物馆协会理事长宋新潮认为："智慧博物馆，狭义的是指基于博物馆核心业务需求的智能化系统；广义的则是基于一个或多个实体博物馆（博物馆群），甚至是搭建在文物尺度、建筑尺度、遗址尺度、城市尺度等范围内的一个完整的博物馆智能生态系统。智慧博物馆通过多模态感知'数据'，并以此为基础，建立更加全面、深入和泛在的互联互通，使人与人、人与物、物与物之间形成系统化的协同工作方式，从而形成更为深入的智能化博物馆运作体系。"陈刚在《智慧博物馆数字博物馆发展新趋势》一文中指出："智慧博物馆是以数字博物馆为基础，充分利用物联网、云计算等新技术，构建等以全面透彻的感知、宽带泛在的互联、智能融合的应用为特征的新型博物馆形态。"台湾"智慧化居住空间"项目网站上的《智慧化居住空间创新应用案例报道——智慧型博物馆，以故宫及科博馆为例》一文提到"所谓'智慧型博物馆'就是运用无线网络基础建设的完备，让更多人透过行动科技，在任何时间、地点取得博物馆咨询服务；同时，运用互动式数位科技艺术（Installation Art），活化博物馆之典藏内容，创造新的互动式学习方式。"综合以上各位研究人员的描述，可以看出智慧博物馆是数字博物馆的进一步发展形态，主要利用物联网、大数据、云计算和移动通信等新技术，以人为本，加强"物"与"物"之间、"人"与"物"之间的信息交互，以更好地完善和强化博物馆、藏品和观众之间的关系，为公众提供更加智能化、个性化、多样化的服务。智慧博物馆是一种发展基调的回归，将信息化过程中的博物馆实际业务需求放置到了主导地位，以观众需要什么、藏品需要什么、展品需要什么等为出发点，进一步提高藏品管理的能力、藏品保护的能力、展览展示的水平、观众服务的水平等。

智慧博物馆与数字博物馆相比，主要体现在：（1）技术不同，智慧博物馆更加倚重于物联网、云计算和大数据等来实现全面的感知、实时的交互等；（2）侧重不同，智慧博物馆强调以各层面业务需求为驱动，重新梳理和构建博物馆各要素，提供"物、人、数据"三者之间的双向多元信息交互通道；（3）中心不同，智慧博物馆更加突出"以人为中心"，以公众实际需求为出发点，综合分析公众的参观行为、兴趣爱好、通信习惯等，为公众提供随时随地的个性化服务；（4）角度不同，智慧博物馆主要面向整体博物馆系统，优化管理模式和工作机制，整合博物馆信息资源，重建信息交流通道，提升博物馆各业务层面的能力，强调实现智慧管理、智慧保护和智慧服务。

四、研究内容

智慧博物馆主要研究：

（1）智慧管理，通过相关技术的运用，最大限度地减少馆内闭环管理的人工参与，提高管理智能化。

（2）智慧保护，利用新技术、新方法、新仪器或设备，借助新思路来支撑、提高藏品或展品保护的深度和力度。

（3）智慧服务，采用新理念，结合新途径，增强观众与博物馆、藏品之间的高度联系，建立实时互动机制，并能够为观众提供个性化的参观导览、信息定制、藏品推荐等服务。

第二节　智慧博物馆关键技术及实际应用案例

智慧博物馆的实现主要依赖于物联网、大数据、云计算和移动通信技术。物联网是实现智慧博物馆的基础，负责透彻地感知、全面地互联。大数据是智慧博物馆的资源，是产生智慧决策、管理和服务的基础。云计算是大数据得以发挥作用的基础，实现快速、高效的大数据处理和分析。移动通信与互联网的作用一样，在智慧博物馆中源源不断地向大数据层汇聚数据和接收数据，同时为用户随时随地地体验、使用和访问提供支持。

一、物联网

物联网英文名为 The Internet of Things，是物与物、人与物之间的信息传递与控制，它具有普通对象设备化、自治终端互联化和普适服务智能化三个重要特征。其概念最初由美国麻省理工学院（MIT）Kecin Ashton 和他的同事在 1999 年建立的自动识别中心（Auto-IDLabs）提出。他们主张将射频识别技术（Radio Frequency Identification，RFID）和互联网结合起来，为每个产品建立全球唯一的标识产品电子代码（Electronic Product Code，EPC），采用射频识别技术实现对产品的非接触式自动识别，然后通过互联网实现产品信息在全球范围内的识别和管理，形成 The Internet of Things。2005 年国际电信联盟（International Telecommunication Union，1TU）在突尼斯举行的信息社会世界峰会（Would Summit on the Information Society，WSIS）上正式确定了"物联网"的概念，发布了报告《ITU Internet reports 2005——the Internet of things》，并将物联网定义为：通过将短距离的移动收发器内嵌到各种配件和日常用品中，人与人、人与物、物与物之间形成了一种新的交流方式，即在任何时间、任何地点都可以实现交互。随着物联网的发展，其定义和范围已经发生了变化，覆盖范围有了较大的拓展。2009 年 IBM 公司首席执行官彭明盛在"智慧的地球"理念中对物联网进行了如下描述：运用新一代的 IT 技术，如射频识别技术、传感器技术、超级计算机技术、云计算等，将传感器嵌入或装备到全球的电网、铁路、公路、桥梁、建筑、供水系统等各种物体中，并通过互连形成"物联网"；而后通过超级计算机和云计算技术，对海量的数据和信息进行分析与处理，将物联网整合起来，实施智能化的控制与管理，从而达到全球的"智慧"状态。目前对物联网较为常用的定义是通过射频识别、红外感应器、全球定位系统、激光扫描器等信息传感设备，按约定的协议，将任何物品与互联网相连接，进行信息交换和通信，以实现智能化识别、定位、追踪、监控和管理的一种网络。物联网的基本特征是全面感知、可靠传送和智能处理。全面感知主要是指利用射频识别、二维码、传感器等感知、捕获、测量技术，随时随地对物体进行信息采集和获取。

可靠传送是指通过将物体接入信息网络，依托各种通信网络，随时随地进行可靠的信息交互和共享。智能处理是指利用各种智能计算技术，对海量的感知数据和信息进行分析并处理，实现智能化的决策和控制。

物联网的体系结构主要分为三个层次：感知层、网络层和应用层。感知层相当于人的感知觉层面，用于识别物体、采集信息，主要利用二维码标签和识读器、RFID 标签和读写器、摄像头、扫描仪、GPS、传感器、传感器网络等实现。在智慧博物馆中，主要采集文物保存环境的湿度、温度、二氧化碳浓度、粉尘颗粒浓度等，参观人员的数量、行为、位置等，展品的位置、基础环境情况等。网络层，主要借助于已有 PSTN 网络、2G/3G 移动网络、互联网等把感知层获取的信息快速、可靠、安全地传送到各个地方，实现远距离、全方位的通信。在智慧博物馆中，主要实现部门与部门之间、人与人之间、物与物之间、人与物之间的信息交流。应用层完成信息的汇总、计算、分析、知识挖掘等功能，相当于物联网的控制层、决策层，提供丰富的应用项。在智慧博物馆中，应用层主要实现智慧管理、智慧保护和智慧服务。

图 2-1 描绘了智慧博物馆系统中的物联网体系结构。物联网的关键支撑性技术有传感网、RFID 和机器之间的通信（Machine to Machine，M2M）等。

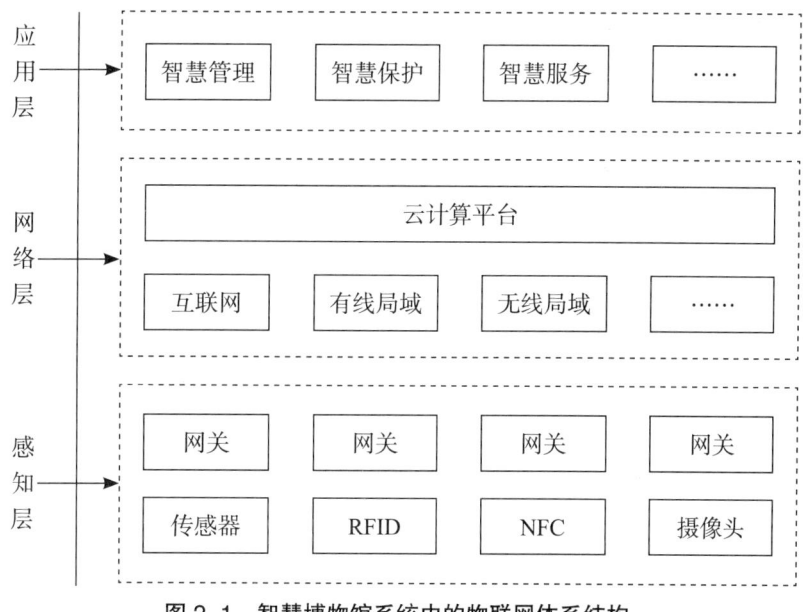

图 2-1 智慧博物馆系统中的物联网体系结构

二、大数据

大数据英文名为 Big Data，意为一个体量特别大、数据类别特别大的数据集，并且这样的数据集无法用传统数据库工具对其内容进行获取、管理和处理。大数据的特点主要体现在以下四个层面：

（1）体量巨大，现在的大型数据集数据量一般在 10TB 规模左右，但在实际应用中，很多用户把多个数据集放在一起，已经形成了 PB 级的数据量。

（2）类型繁多，数据来自多种数据源，数据种类和格式不断扩充，已不再局限于结构化数据范畴，囊括了半结构化和非结构化数据，如网络日志、视频、图片、地理位置信息等。

（3）处理速度快，在数据量非常庞大的情况下，也能够做到数据的实时处理。

（4）价值密度低，价值密度的高低与数据总量的大小成反比，即数据量呈指数增长的同时，隐藏在海量数据的有用信息却没有相应比例增长，反而使人们获取有用信息的难度加大，以视频为例，一部 1 小时的视频，在连续不间断的监控中，有用数据可能仅有 1、2 秒。

智慧博物馆中的大数据来自日积月累的藏品、观众、环境、设施等，以及网络空间的微博、博客、播客等多方面数据，数据量异常庞大；在类型上，不仅包括结构化的数据、二维数据表等，也包括半结构化数据、邮件、资源库等，还包括非结构化数据，如藏品图像、藏品三维模型、展览视频、讲座录像、观众语音留言等，数据类型多样。在处理速度上，由于智慧博物馆要及时地为观众提供个性化的服务，因此需要实时采集、处理、分析大量与观众参观行为、使用偏好、互动交流相关的数据，数据处理速度快，响应及时；在价值密度上，智慧博物馆中的各类数据随时间的日益增加并不会将有价值的信息自动呈现出来，比如，关于5年、6年甚至10年内的观众参观数据看上去并没有明显差异，需要利用更为快速、复杂、智能化的数据分析方法来挖掘其中的有用信息，将信息转换为特定领域的知识，以指导决策。对大数据而言，其基本处理流程包括数据采集、数据处理和集成、数据分析和数据解释。围绕这些基本步骤，一批涉及数据存储、管理、处理和分析等的关键技术不断涌现出来，具体包括数据挖掘、关联规则学习、数据融合与集成、情感分析、网络分析、时间序列分析、分布式文件系统、分布式数据库、非关系数据库和数据可视化等。

三、云计算

云计算英文名为Cloud Computing，其概念和理论于2006年由谷歌在"Google 101计划"中正式提出。此后，云计算进入了公众视野。云计算是由分布式计算、并行处理、网格计算发展而来，是一种新兴的商业计算模型。云计算也是虚拟化、效用计算、将基础设施作为服务、将平台作为服务和将软件作为服务等概念混合演进并提升发展的结果。目前，人们关于云计算的认识还在不断发展变化中，仍没有形成统一的定义。美国国家标准与技术研究院（National Institute of Standards and Technology，NIST）定义：云计算是一种资源利用模式，它能以方便、友好、按需访问的方式通过网络访问可配置的计算机资源池（如网络、服务器、存储、应用程序和服务），在这种模式中，可以快速供应并以最小的管理代价提供服务。中国网格计算、云计算专家刘鹏给出如下定义：云计算将计算任务分布在大量计算机构成的资源池上，使各种应用系统能够根据需要获取计算力、存储空间和各种软件服务。简单理解就是云计算是一种方便的使用方式和服务模式,通过互联网按需访问各类资源池。

云计算的主要特点:

(1)按需服务,用户可以根据自身实际需求按需购买云计算资源;就像使用公共服务中的水、电和煤气一样。

(2)服务资源池化,服务提供者将各类资源(存储、处理、内存、带宽和虚拟机等)汇集到资源池中,通过多租户模式共享给多个用户,根据用户的需求对不同的物理资源和虚拟资源进行动态分配或重分配,对用户而言,具体物理资源的位置对他们是透明的。

(3)高可扩展性,用户随时随地可以根据实际需求,快速有弹性地请求和购买服务资源,扩展服务内容,如计算资源、存储资源等。

(4)广泛的网络访问,用户可以用不同的设备,包括PC、手机、平板电脑等通过网络获取云计算资源,享受所提供的服务。

(5)可度量的服务,云服务系统可以根据服务类型提供相应的计量方式,报告给用户和服务提供商,并可根据具体使用类型收取费用,还可以监测、控制和管理资源使用过程。从云计算部署的角度出发,云计算分为私有云、社区云、公共云和混合云。私有云是由一个组织进行管理和操作的。社区云由多个组织共同管理和操作,具有一致的任务调度和安全策略。公共云由一个组织进行管理维护,提供对外的云服务,可以被公众所使用。混合云是以上两种或两种以上云的组合。从云计算服务的角度出发,云计算服务类型可以分为基础设施即服务(Infrastructure as a Service,IasS)、平台即服务(Platform as a Service,PaaS)和软件即服务(Software as a Service,SaaS)。在智慧博物馆中,云计算将各种存储、处理、分析等资源进行集中管理,实现了计算功能的超强组合,能够将大数据的作用充分发挥出来,可以实现对海量多格式、多模式数据的跨系统、跨平台、跨应用的统一管理、高效流通和实时分析,过滤无用信息,充分挖掘其价值。然而,如果没有大数据的信息积累,智慧博物馆的云平台也不能完全发挥作用,所以两者关系相辅相成,需要共同建设和发展。

四、移动通信

移动通信英文名为 Mobile Communication，是移动对象之间的通信，或移动对象与固定对象之间的通信。移动对象可以是人，也可以是汽车、火车、轮船、收音机等在移动状态中的物体。移动通信系统从20世纪80年代诞生以来，已经经过4代的发展历程：20世纪70年代中期至自20世纪80年代中期的1G，模拟制式的移动通信系统；20世纪80年代中期至20世纪末的2G，风靡全球十几年的数字蜂窝通信系统；自2000年左右开始的3G，移动多媒体通信系统，提供的业务包括语音、传真、数据、多媒体娱乐和全球无缝漫游等；2010年3G过渡到4G，4G是真正意义的高速移动通信系统，集3G与WLAN于一体，并能够快速传输高质量图像、音频、视频和3D动画等，支持交互多媒体业务，是宽带大容量的高速蜂窝系统。除蜂窝系统外，宽带无线接入系统、毫米波LAN、智能传输系统（Intelligent Transport Systems，ITS）和高空同温层平台（High Altitude Platform Station，HAPS）系统将陆续投入使用。2020年以后，将迎来5G时代，它具有超高的频谱利用率和能效，在传输速率和资源利用率等方面较4G移动通信提高一个量级或更高，其无线覆盖性能、传输时延、系统安全和用户体验也将得到显著的提高。5G移动通信将与其他无线移动通信技术密切结合，构成新一代无所不在的移动信息网络，满足未来10年移动互联网流量增加1000倍的发展需求。5G系统还具备充分的灵活性，具有网络自感知、自调整等智能化能力。移动通信的最终目标是与其他通信手段一起，共同实现任何用户在任何时间、任何地点与任何人通信的目的。

移动通信的发展极大地促进了移动终端的丰富和扩展，手机、平板电脑、iPad等都成了接入设备。在智慧博物馆系统中，基于移动通信平台，观众通过各种移动终端可随时随地地获取有关展览、藏品、活动等信息。观众通过手机订制博物馆推送的信息类型，观看各类讲座视频，参与互动游戏，建立自己的线上藏品库，甚至可以构建自己的博物馆空间。观众获取资料的类型不仅有文字、图像和视频，而且包含3D模型、虚拟现实场景等，极大丰富了可视化、可听话、可感化的体验。实体参观中,观众不仅可以利用智能手机、iPad等享受到基于位置的参观服务,而且可以自助扫描二维码等获取藏品解读信息,并可与其他参观者进行线上互动讨论、分享照片和参观体验。移动通信的出现为"掌上博物馆""移动博物馆""无处不在的博物馆"的实现奠定了技术基础。

第三章 智慧博物馆体系结构

博物馆是一个信息综合体，而数字博物馆则是一个庞大的信息系统，对于博物馆实施公众教育的职能，主要体现在如何利用信息系统为公众提供好服务。因此，作为信息系统的数字博物馆，不仅需要组织和管理信息、进行信息展示和宣传，还需要充分利用信息资源，为满足公众需求提供多样化的服务。然而对于信息系统而言，其总体描述由系统体系结构来实现，主要反映信息系统的要素、构成及相关关系。系统体系结构是否合理将直接影响系统功能的实现情况。因此，对于数字博物馆这个信息系统的体系结构研究，将具有非常重要的现实意义，它是数字博物馆建设的一个关键环节。体系结构的适合与否直接关系到数字博物馆整体功能的发挥，换言之，其将直接影响到数字博物馆的藏品资源管理、组织、展示和宣传教育等各环节性能。

对于系统体系结构的深刻理解，需要回溯到"体系结构"一词。"体系结构"主要指组件和组件之间的联系，1964年由G.Amdahl首次提出，特别用来对计算机系统的整体结构（数据和控制的逻辑）进行分析和描述。随着时代的发展，"体系结构"一词的内涵和外延也得到了极大的丰富，如与网络技术密切结合，出现了网络体系结构，主要指通信系统的整体设计，为网络硬件、软件、协议、存取控制和拓扑提供标准；与各类软件系统等密切结合，出现了系统体系结构，主要用于描述系统内各模块及模块之间的关系。随着信息系统的飞速发展和不断扩充，体系结构的复杂度日益提升，其重要性越来越突显出来。根据信息系统开发的目的和作用以及使用范围不同，需要采用不同的体系结构加以支撑。

第一节　基本体系结构

信息系统的基本体系结构主要分为以下几种模式:

一、集中式

集中式体系结构,主要是指"计算"在一个大型的中央系统进行集中处理,客户机作为终端,只有输入输出功能,数据全部存储在中央系统,由数据库管理系统进行管理,所有任务都在主机上进行处理。集中式数据存储的主要特点是把所有数据保存在一个地方,不同用户之间的数据不能交换和共享。这样的系统包括个人计算机系统,也包括运行在大型主机上的高性能系统。对于后者,所有的软件和数据都安装在主机上,用户可以通过终端来使用系统资源。由于其简单直观、易于管理、机器利用率高,因而在计算机发展初期得到了广泛的应用。该结构的主要问题是,为了满足多用户的需求,主机必须具有很高的性能和先进的配置,于是系统整体价格昂贵、结构封闭,不利于升级换代及灵活配置;对于并发性多进程的管理,算法复杂棘手,不易达到最优化,甚至可能造成系统死锁;系统可靠性、容错性令人担忧,一旦主机出现故障,整个信息系统就会瘫痪,严重影响所有依赖于主机的工作。早期博物馆中只用计算机对藏品进行登记和存储的系统就属于这一类型,面向的用户单一,只有藏品管理员和藏品登记人员。系统只在一个部门的一台计算机上运行。

二、文件服务器模式

文件服务器模式主要面向数据共享,通过局域网将不同的计算机与文件服务器相连而形成的一种结构。其中不同的计算机是工作站,主要负责具体的应用处理和数据处理。文件服务器主要存储用于共享的文件,负责向各工作站提供文件服务,如打印服务和电子邮件服务等。文件服务器可以是一台通用计算机,也可以是一台专门提供文件服务的专用计算机。文件服务器具有分时系统文件管理的全部功能，可对网络用户的访问进行并发控制，并采取一定的保密措施。文件服务器模式存在的问题是：工作站受到文件服务器的制约，由于所有共享数据都存储在文件服务器上，不仅增加了网络传输的负担，而且文件服务器无形之中成为整个系统的瓶颈，当数据量、用户数增加时，性能就会严重下降，难以有效地平衡工作站与服务器的负荷。博物馆在信息化建设之初，由于技术和设备的限制，会使用文件服务器模式提供博物馆内部的文件共享服务、文件打印服务和电子邮件服务等，以方便开展博物馆的日常办公业务。

三、客户／服务器模式（Client/Server，C/S）

客户／服务器模式有客户机和服务器两端之分，对于应用程序的处理和数据的处理由客户机和服务器共同完成，降低了系统的通信开销。将一个应用程序分成若干个部分，由客户机和服务器分别执行、协同工作。通常在服务器上配置的是一个数据库系统，如 ORACLE、SQL Sever。由客户机负责向服务器发出"应用或数据请求"，由服务器根据请求的内容，完成应用处理和数据操纵，然后将处理结果返回给客户机。客户／服务器使整个系统的结构便宜且简单，系统的计算能力分散但并不减弱，既充分利用了资源，又减少了系统的冲突和开销，是基于网络的分布式应用的初级模式。网络的主要作用是通信和资源共享且在分布式应用中用来支持应进程的协同工作，其主要目的是获得较高的性能和较强的容错能力。在这个模式中，客户机主要是由用户直接使用的本地计算机来充当的，安装特定的客户端软件，其软件的特点是：在需要对服务器进行访问时，能够主动发出请求，并能接受从服务器端返回的结果；能在本地计算机上运行返回结果，或对返回结果进行再计算。而服务器是由专门用来提供服务的高档计算机来充当的，需要安装服务端软件，其软件特点是：能够同时处理多客户的请求，能够随时与任意一个客户端进行自动通信。

客户／服务器模式存在的问题是，对于多地的"实时"数据同步，需要建立多地间的实时通信连接，保证数据库服务器在线运行；网络管理人员要同时维护和管理服务器和多地的客户端,需要更多的资金以及更高的技术水平来维持。其次,在特定的应用中无论是客户端还是服务器端,都需要特定的软件支持。由于没能提供用户真正期望的开放环境,需要针对不同的操作系统开发不同版本的软件,加之产品更新换代的速度非常快,所以不太适用大规模用户同时使用,成本代价高。然而对于各中小型博物馆而言,其信息系统主要面向于本馆自身的业务应用和服务,所以暂不存在"多地"的问题。此外,博物馆内部的操作系统相对统一,不需要花费精力解决版本差异的问题。

因此,在相对简单、统一的环境下,客户/服务器模式是许多博物馆的理想选择。通常将藏品数据存储在服务器端,操作的用户界面在客户端,比如,博物馆文物病害人机交互系统,可对典型文物病害的演变进行监控。客户端对文物图像进行采集传输到服务端,服务端通过机器学习算法和图像分析算法精准获取和分析病害的表观形貌特征,及时发现和准确度量文物病害的演变状况,并把预警信息发送到客户端,客户端将信息提供给文物保护人员。

四、浏览器/服务器模式(Browser/Server,B/S)

随着互联网技术的兴起和发展,人们对于数据的共享不再局限于局域网范围内,希望能够在更广范围甚至世界范围内进行。浏览器/服务器模式正是顺应这样的需求而产生的,它是对客户/服务器模式进一步改进、升级的结果。这种模式统一了客户端,将系统功能实现的核心部分集中到服务器上,简化了系统的开发、维护和使用。在这种模式下,客户端只需要安装一个浏览器(Browser)如Internet Explorer、Chrome 和 Firefox 等,服务器端需要安装一个数据库软件如Oracle 和 SQL Server 等。客户端的浏览器通过 URL 访问 Web 服务器,Web 服务器请求数据库服务器,并将获得的结果以 HTML 形式返回客户端浏览器。一般可以将这个模式分为三层:数据层、处理层和表示层。其中,数据层主要是指数据库服务器,承担数据处理需求,主要接受 Web 服务器发来的数据操作请求,并对请求内容进行相应的处理,如对数据进行查询、统计、增加、删除或修改等,将数据处理的结果再返给 Web 服务器。处理层主要是指 Web 服务器,主要承担具体业务处理逻辑,并对页面进行存储和管理。它接收来自客户浏览器的任务请求,并针对请求实现相应的业务处理,如果是与数据相关的内容,则进一步向数据库服务器发出请求。表示层主要是指浏览器,主要以 HTML 的格式对结果进行显示或者接受用户的请求,没有任何业务处理能力。浏览器/服务器模式最大的优点就是用户可以在任何地方进行操作而不用安装任何专门的软件,只要有一台能上网的电脑就能使用,客户端零维护。在此模式下,由于所有的客户端都是浏览器,所以无论用户的规模有多大,都不会增加系统管理员的负担,他只需要管理服务器就行。对于异地情况,只需要把服务器连接到专用网络中从而实现远程管理和维护。这样的发展模式,使软件升级和系统维护变得简单而容易,不会受到规模大小的影响,节省了人力、物力和财力。但该模式的潜在问题也正与它的优势相关,由于所有的处理事务全部由服务器来承担,因此一旦服务器出现问题,将会对整个系统带来致命的打击,所以保障服务器的安全性、稳定性是至关重要的任务。

通常从以下方面对浏览器/服务器模式(B/S)与客户/服务器模式(C/S)进行比较。

(1)网络基础方面:C/S 在局域网环境下效率更高,但当置于互联网环境中时,容易被防火墙等阻隔而无法工作。相比之下,B/S 在互联网环境下更有优势,不容易被阻断。

(2)软、硬件环境方面:C/S 一般建立在专用网络上,局域网之间再通过专门服务器提供连接和数据交换服务,客户端和服务器端都需要安装专门的软件,受到操作系统的影响而不同;B/S 建立在广域网之上,不需要专门的网络硬件环境,只需要安装操作系统和浏览器而不需要其他特定软件,但是在安全性上存在隐患。

(3)安全要求方面:C/S 一般面向固定用户群,对信息安全的控制能力很强;B/S 建立在广域网之上,面向未知的用户群,对安全的控制能力相对较弱。

(4)程序架构方面:C/S 程序更加注重流程,对权限进行多层次校验;B/S 对安全以及访问速度的多重考虑,建立在需要更加优化的基础之上。SUN 和

IBM 推的 JavaBean 构件技术等，使 B/S 更加成熟。

（5）软件重用方面：C/S 程序有整体性考虑，构件的重用性不如在 B/S 要求下的构件的重用性好；B/S 要求构件具有相对独立的功能，对构件重用较好。

（6）系统维护方面：C/S 必须整体考察，对于问题处理和系统升级较难；B/S 构件相对独立、模块功能划分明确，客户端基本是零维护，因此系统维护开销较小。

（7）处理需求方面：C/S 面向的用户群固定，只能处理在相同区域，安全要求高的需求；B/S 建立在广域网上，可面向不同的用户群，能处理不同区域的、无特定安全要求的需求。

（8）用户接口方面：C/S 多建立在 Window 平台上；B/S 建立在浏览器上。

随着博物馆与外界联系的不断加强，互联网接入成为许多博物馆的必然选择，因此越来越多的博物馆开始采用浏览器/服务器模式以应对互联网环境下的各种需求。此外，20 世纪 90 年代数字博物馆的产生，也使得更多的博物馆开始采用此模式以建立和完善自身数字博物馆的建设。

第二节　分布式结构

分布式是指将业务处理部署在不同机器或平台上，这些机器或平台通过网络连接进行共同工作。这样的结构模式就属于分布式结构。客户/服务器模式是一种简化版的分布式结构，浏览器/服务器模式则属于一种典型的分布式结构。随着信息量的增加信息的分布也越多，数字博物馆的建设必须考虑分布式环境下的信息利用与共享问题。计算机界对于分布式结构的研究不断成熟和深入，主要通过中间件（Middleware）来屏蔽网络硬件平台的差异性和操作系统与网络协议的异构性，使应用软件能够顺利运行在不同平台上，从而顺利解决分布式环境下的信息资源的通信和处理等问题。中间件是一种独立的系统软件或服务程序，分布式应用软件借助这种软件在不同的技术之间共享资源。中间件位于客户/服务器的操作系统之上，管理计算资源和网络通信，是客户机和服务器进行交互的中介。中间件在使用时，往往是一组中间件集成在一起，构成一个平台（如图3-1所示）。

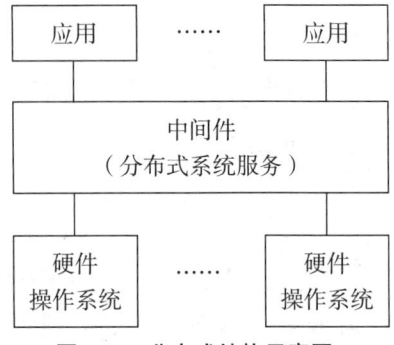

图3-1　分布式结构示意图

在中间件的作用下，客户机与一个抽象的服务器进行交互，而不需要了解所需服务提供的位置、同步、数据格式转换、传输等实现细节问题。中间件是实现分布式系统位置独立、平台独立和编程语言独立的有力保障，它能够在负载平衡、连接管理和调度方面发挥很大的作用，使应用的性能大幅提升。

中间件软件已经与操作系统、数据库并列为三大基础软件。中间件所包括的范围十分广泛，针对不同的应用需求涌现出多种各具特色的中间件。但至今中间件还没有一个比较精确的定义，因此，在不同的角度或不同的层次上，对其分类也会有所不同。比较典型的中间件类型有远程过程调用中间件、面向消息的中间件、对象请求代理中间件、数据访问中间件和事物处理中间件。

一、远程过程调用中间件（Remote Procedure Call，RPC）

RPC是一种广泛使用的分布式应用程序处理方法。一个应用程序使用RPC来"远程"执行一个位于不同地址空间的过程，从效果上看和执行本地调用相同。事实上，一个RPC应用分为两个部分：服务器和客户机。服务器提供一个或多个远程过程；客户机向服务器发出远程调用请求。服务器和客户机可以位于同一台计算机，也可以位于不同的计算机，甚至可以运行在不同的操作系统之上。客户机和服务器之间的网络通信和数据转换通过代理程序（Stub与Skeleton）完成，从而屏蔽了不同的操作系统和网络协议。RPC为客户机/服务器的分布计算提供了有力的支持。

二、面向消息的中间件（Message-oriented Middleware，MOM）

MOM 利用高效可靠的消息传递机制进行独立于平台的数据交流，可基于数据通信与分布式系统进行集成。简单意义上讲其功能是将信息以消息的形式，从一个应用程序传送到另一个或多个应用程序。主要借助消息传递和消息排队模型在分布式环境下进行通信，具有消息异步接收和消息可靠接收的特点，支持多种通信协议、语言、应用程序和软件硬件平台。它是中间件产品中唯一不可缺少的部分。典型的 MOM 有 IBM 的 MQSeries、Oracle 的 AQ、BEA 的 WebLogic JMSS erver。

三、对象请求代理中间件（Object Request Brokers，ORB）

ORB 是对象技术和分布式计算技术相互结合的产物，它提供了一个通信框架，可以在异构分布计算环境中透明地传递对象请求。它定义了异构环境下对象透明地发送请求和接收响应的基本机制，是建立对象之间客户机/服务器关系的中间件。ORB 使得对象可以透明地向其他对象发出请求或接受其他对象的响应，这些对象可以位于本地机器，也可以位于远程机器。ORB 拦截请求调用，并负责找到可以实现请求的对象、传送参数、调用相应的方法、返回结果等。客户对象并不知道服务器对象通信、激活或存储的机制，也不必知道服务器对象位于何处、使用何种语言实现、使用什么操作系统或其他不属于对象接口的系统组成部分。根据实际场合，ORB 上的对象可以是客户机，也可以是服务器，甚至两种角色都充当。当它发出一个请求时，它处于客户机角色；当它在接收请求时，它就处于服务器角色。大部分的对象都是既扮演客户机又扮演服务器。此外，值得注意的是，由于是 ORB 负责对象请求的传送和服务器的管理，客户机和服务器并不直接相连，因此 ORB 可以支持更加复杂的结构。典型产品有 OMG 的

CORBA、Microsoft 的 COM、IBM 的 SOM 和 Sun 的 RMI 等。

四、数据访问中间件（Database Access Middleware, DAM）

DAM 主要连接应用程序和数据库，此中间件允许用户通过定义好的 API 访问另一台计算机上的资源。它的使用解决了异质平台、异质环境、异质数据库的统一方位、统一存取问题。典型的例子是开放数据库互联（Open Database Connectivity, ODBC）。只需要在 ODBC 中添加一个数据源，就可以直接在应用程序中使用，不需要知道数据库的实现细节。

五、事务处理中间件（Transaction Processing Monitor, TPM）

TPM 最开始被用在大型机上，提供支持大规模事务处理的运行环境。随着分布式计算的发展，中间件为了保证分布式应用的速度和可靠性，有了进一步发展。总体而言，它位于客户机和服务器之间，进行事务管理与协调、负载平衡、失败恢复等，以提高系统的整体性能。它相当于事务处理应用程序的操作系统，主要进行进程管理，如启动 server 进程和为其分配任务等；进行事务管理，如保障事务处理的一致性、独立性和持久性等；进行通信管理，如为客户机和服务器提供请求响应、会话、排队和广播等。典型产品如 BEA 的 Tuxedo。

第三节 面向服务的体系结构

面向服务的体系结构（Service-oriented Architecture, SOA）于 1996 年由 Gartner Group 第一次明确提出，这在当时只是一个美好的愿景。然而随着 Web 技术和 Web Service 技术的逐渐发展成熟，SOA 开始受到更多研究人员的关注以及专业厂商的支持，得到了逐步的发展和成熟，已经成为主流方向之一。

SOA是互联网环境下一种新型的软件系统架构，其核心是一个由若干个Web服务组成的构件。它首先将各种应用程序的不同功能单元定义为服务，这些服务使用预先定义好的接口和契约进行沟通。接口的定义独立于实现服务的硬件平台、操作系统和编程语言，从而保证了构建在不同系统上的服务可以以统一、通用的方式进行交互。此外，事先定义好的各个基本服务还可以进一步组合，形成新的功能和服务，并可按照业务流程建立规则来构架和生成相应的业务处理系统。SOA的最终目标是在SOK Service Oriented Integrate，面向服务集成领域实现跨系统、跨平台的企业应用及业务的整合。SOA的基本元素是服务，SOA会指定服务提供者、服务消费者、服务注册表、服务条款、服务代理和服务契约等来说明如何提供和使用服务。SOA是一种粗粒度、松耦合的服务架构，主要有以下几个特征。

（1）服务的封装（Encapsulation）：将服务封装成用于业务流程的可重用组件的应用程序函数。它提供信息或简化业务数据从一个有效的、一致的状态向另一个状态的转变，封装、隐藏了复杂性。

（2）服务的重用（Reuse）：服务可以用于不同的上下文中，独立于底层实现。

（3）服务的互操作（Interoperability）：服务之间通过既定的通信协议进行互操作。

（4）服务是自治的（Autonomous）功能实体：服务是由组件组成的组合模块，是自包含和模块化的。

（5）服务之间松耦合（Loosly Coupled）：服务请求者到服务提供者的绑定与服务之间是松耦合的。即服务请求者不知道提供者实现的技术细节，比如程序设计语言、部署平台。服务请求者往往通过消息调用操作请求消息和响应，而不是通过使用API等。

（6）服务位置透明（Location Transparency）：服务的消费者不必关心服务位于什么地方。也就是说，用户完全不必知道响应自己需求的服务的位置，甚至不必知道具体是哪个服务参与了响应。

服务提供者：主要是发布自己的服务，是一个可寻址的服务实体，在注册中心注册，接收请求者的请求，请求者可以在注册中心查找相应服务并绑定使用。

服务请求者：主要是请求服务并调用绑定服务。请求者主要有应用程序、程序模块或者是另外一个服务。服务请求者先对注册中心提供的各种服务进行查询，并根据各种条件选择相应服务，随后绑定该服务，使用该服务提供的功能。

服务注册中心：主要是注册已经发布的服务，对其进行分类，并提供检索服务。所有发布的服务都在此描述和注册，注册中心的每个服务是可寻址的，且都有相应的接口。服务提供者向注册中心发布服务相关描述，服务请求者从服务注册中心获得相关描述，并进行绑定和使用。

根据三位主要操作者的责任和义务，SOA 的操作主要分为发布操作、查找操作和绑定操作。发布操作主要是发布服务的描述，以使请求使用者可以发现它；查找操作即对服务注册中心进行查询，以期定位到满足需求的服务；绑定操作发生在定位服务之后，服务使用者根据服务描述的信息来调用服务。

广义上讲，实现 SOA 的技术有多种，如 COM、CORBA 和 Web 服务等，然而使用最为广泛的还是 Web 服务技术。Web 服务是一个平台独立的、低耦合的、自包含的、基于可编程的 Web 的应用程序，可使用开放的 XML（标准通用标记语言下的一个子集）标准来描述、发布、发现、协调和配置这些应用程序，用于开发分布式的互操作的应用程序。Web 服务采用了 SOA 的体系结构，也是通过服务提供者、服务请求者和服务注册中心等实现实体之间的通信来完成服务调用。Web 服务基于开放式的 Internet 标准，主要依赖的协议有 XML、SOAP、WSDL 和 UDDI 等。

（1）XML（Extensible Markup Language）：为可扩展的文本标记的描述语言，用来标记数据、定义数据类型，是一种允许用户对自己的标记语言进行定义的源语言。XML 文档定义方式有文档类型定义（DTD）和 XML Schema。DTD 定义了文档的整体结构以及文档的语法，应用广泛并有丰富工具支持。XML Schema 用于定义管理信息等更强大、更丰富的特征。XML 已成为服务架构数据存储和交换的一种重要标准。它具备两个特点：一是它表达的数据具备鲁棒性，以自描述方式描述应用系统的数据结构和数据；二是应用系统和数据相互独立，使得整个应用系统具有良好的系统扩展性能，同时使得系统与开发平台没有相关性。

（2）SOAP（Simple Object Access Protocol）：为简单对象访问协议。主要基于 XML 用于在分布式环境下交换信息的协议，SOAP 按照 HTTP 通信协议，遵从 XML 格式执行信息交换。SOAP 定义了远程对象调用的格式、参数类型和 XML 格式之间的映射等。它是一个与平台无关和厂商无关的标准，包括四个部分：SOAP 封装（Envelop），定义了一个描述消息中的内容是什么，是谁发送的，谁应当接受并处理它以及如何处理它们的框架；SOAP 编码规则（Encoding Rules），用于表示应用程序需要使用的数据类型的实例；SOAPRPC（RPC Representation）表示远程过程调用和应答的协定；SOAP 绑定（Binding），主要使用底层协议交换信息。

（3）WSDL（Web Services Description Language）：为 Web 服务描述语言，是用 XML 来描述 Web 服务的标准，是 Web 服务的接口定义语言。可描述 Web 服务的三个基本属性：服务所提供的操作（方法）和服务交互的数据格式以及必要协议、服务位于何处。WSDL 实质是描述各个 Web 服务调用规则、公开的操作和服务、具体传输机制以及服务的具体位置。

（4）UDDI（Universal Description Discovery and Integration）：统一描述、发现和集成规范，主要定义并描述 Web 服务发布和发现的方法，UDDI 规定实现服务 SOAP 之间的注册和服务发现的编程接口规范。为 Web 服务提供三个重要的技术支持：①标准、透明、专门描述 Web 服务的机制；②调用 Web 服务的机制；③访问 Web 服务注册中心的机制。

在 SOA 中，还需要一个中间层，能够实现不同服务之间的智能化管理。企业服务总线（Enterprise Service Bus.ESB）充当了这个角色，是 SOA 架构的一个支柱。ESB 是传统中间件技术与 XML、Web 服务等技术相互结合的产物，用于实现企业应用不同消息和信息的准确、高效和安全传递。让不同的应用服务协调运作，实现不同服务之间的通信与整合。ESB 的主要功能有：对各个服务之间消息监控与路由；解决各个服务组件之间通信；控制服务版本与部署；满足服务事件处理、数据转换与映射、事件查询与排序、安全或异常处理、协议转换、保证服务通信的质量。各系统通过 ESB 端点完成与其他应用系统的集成。应用系统可通过 ESB 端点提供的适配器，将自己系统的专用接口协议转换为总线使用的标准协议。各系统通过 ESB 端点，把服务注册到中心，从而使所有需要这些服务的系统可以通过 ESB 端点，在总线上找到该服务。服务使用者可以在 ESB 端点上对所需的服务进行调用、编排和数据转换。ESB 将根据用户的配置，完成服务的调用、转换和路由等。通过使用 ESB，可以在几乎不更改代码的情况下，以一种无缝的非侵入方式使已有的系统具有全新的服务接口，并能够在部署环境中支持任何标准。此外，ESB 与服务逻辑相分离，使得不同的应用程序可以同时使用同一服务，不需要在应用程序或者数据发生变化时改动服务代码。目前 ESB 的提供商有 IBM、微软、Oracle 等。

目前有很多博物馆已经在架构上实现了 SOA。其最大的优势在于能在保证现有系统正常使用的情况下，实现无缝升级。基于 SOA 结构，不同的博物馆之间可以进行信息传递，解决信息孤岛问题。以往每个博物馆管理系统自成体系，不同的博物馆系统之间无法信息共享、无法互联互通，从藏品信息管理和利用的角度来看，产生了局部化和片面化的问题，很难为使用者提供有效的服务。如某一研究人员或普通观众希望了解商代"牧正尊"的青铜器情况，就要在宝鸡青铜器博物院和陕西历史博物馆、国家博物馆等多个系统逐个进行查询，耗费了过多的人力和物力。而一旦采用 SOA，所有支持 SOA 的博物馆管理系统都可以实现互联互通，提供整体性的服务。因此，查询人员只需要输入"牧正尊"关键字一次，就可以在所有博物馆系统中进行统一搜索，完成信息的定位和汇集。此外，以前的系统无法对藏品进行语义标注和检索，给藏品管理带来了很大困难。但是利用 SOA 架构中的 XML 进行标注，所有的藏品图片都可以根据语义信息进行分类和检索，使用方便。

第四节　网格体系结构

Internet 和 Web 主要实现了计算机和网页的联通，提供邮件、浏览和信息下载的服务,然而进一步需要考虑如何使数据传输量更大、传输速度更快、传输起来更安全。网格关注的则是如何有效安全地管理和共享连接到 Internet 上的各种资源,包括计算资源、存储资源、通信资源、软件资源和信息资源等,为用户提供一体化的信息服务。它强调全面地共享资源、全面地应用服务。网格的根本特征不是它的规模,而是资源共享,消除资源孤岛。网格能够吸收各种计算资源,将其转化为一种随处可得、可靠、标准的计算能力。网格一词来源于电力系统,然而正如人们使用电的情况一样,网格的最终目的是希望用户能够随意使用网格的资源和服务,而不需要考虑它来自哪个地方,用到哪些设备等。网格系统具有资源分布性、管理多重性、动态多样性、结构可扩展性等特点。而如何构造网格,这是由网格体系结构决定的,它不仅定义和描述了网格的基本组成部分和各部分的功能,而且定义了网格各部分之间的关系以及集成方法。合理的网格结构才能够充分发挥网格的作用。目前主要有两个较为成熟的体系结构:五层沙漏结构和开放网格服务结构。

五层沙漏体系结构是以协议为中心的结构,自底向上分别是构造层、连接层、资源层、汇集层和应用层(如图 3-2 所示)。上层协议可调用下层协议的服务。五层沙漏体系结构使得虚拟组织的用户与资源之间可以进行资源使用的协商、建立共享关系,并且可以进一步管理和开发新的共享关系。

工具与应用	应用层
目录代理诊断与监控等	汇集层
资源与服务的安全访问	资源与连接层
各种资源(计算机、存储介质、网络、传感器等)	构造层

图 3-2 五层沙漏体系结构

(1)构造层:连接底层的本地资源和上层,主要是用来为上层访问本地资源提供统一接口。它的功能是向上提供网格中可供共享的资源,常用的资源包括处理能力、存储系统、目录、网络资源、分布式文件系统、分布式计算机池、计算机集群等。构造层所提供的功能越丰富,它可以支持的高级共享操作就越多。

（2）连接层：定义了核心网格事务处理所需的通信与认证协议，提供了加密的安全机制，用于识别用户和资源。通信协议使构造层资源间的数据交换成为可能。认证协议基于通信服务提供了确认用户和资源身份的安全机制。

（3）资源层：建立在连接层的通信和认证协议之上，定义了一些关于安全协商、使用共享功能计费、监控等方面的协议。资源层协议的实现调用了基础构造层的功能来访问和控制本地资源，资源层协议只关注单个资源。

（4）汇集层：建立在资源层和连接层形成的协议之上，将资源层提交的受控资源汇聚在一起，供虚拟组织的应用程序共享、调用。为了对来自应用的共享进行管理和控制，汇集层提供了目录服务、资源分配、日程安排、资源代理、资源监测诊断等多种功能。汇集层所定义的协议和服务不是同某一特定资源相关的，而是用来定义资源集合之间的交互。

（5）应用层：是网格用户的应用程序，通过各层的 APH 调用相应的服务，再通过服务调用网格上的资源来完成任务。

开放网格服务体系结构是（Open Grid Services Architecture，OGSA）在原来的五层沙漏体系结构基础上，结合 Web Service 技术提出来的。OGSA 的目的就是要将 Grid 的一些功能融合到 Web Service 这个框架中。与前期网格不同的是，OGSA 是面向服务的结构，将所有事务都表示成一个 Grid 服务并采用统一的 WSDL 语言进行描述，计算资源、存储资源、网络、程序、数据等都是服务。OGSA 定义了一组接口和接口上的操作，利用这些接口的不同组合可以实现不同的网格服务。OGSA 的具体目标有对资源进行跨分布式异构平台管理、提供自治式资源管理解决方案、利用现有行业标准进行集成等。OGSA 是对 Web Service 服务的扩展，能够动态建立或删除临时服务实例，它具备 Web 服务的优良性能，能够从服务描述中自动产生客户端和服务端的代码，将服务描述和互操作的网络协议绑定在一起，此外，还能与最新的高级开放标准、服务和工具兼容等。在此环境中，一切都是服务，通过一组相对统一的核心接口，可以很容易地构造出具有层次结构、更高级别的服务，这些服务可以跨越不同的抽象层次。网格服务通过定义接口来完成不同的功能，OGSA 的主要接口类型有：

（1）Grid-Service 类：包括 Find Service Data 操作，即查询有关网络服务实例的多种信息，包括基本的内部信息、关于每个接口的信息以及与特定服务有关的信息；Set Termination Time 操作，即设置并获取网格服务实例的终止时间；Detroy 操作，即对网格服务实例进项销毁。

（2）Notification Source 类：包括 Subscribe To Notification Topic 操作，即根据感兴趣的消息类型和内容，向相关事件的通知发送者进行订阅；UnSubscribe To Not ification Topic 操作，即取消对通知的订阅。

（3）Not ification Sink 类：包括 Deliver Notification 操作，即对消息进行异步发送。

（4）Registry 类：包括 Register Service 操作，即对网格服务句柄的软状态进行注册；UnRegister Servke 操作，即取消注册的网格服务句柄。

（5）Factory 类：包括 Create Service 操作，即负责网格服务实例的动态创建。

（6）Handle Map 类：包括 Find By Handle 操作，即返回与网格服务句柄相关的服务实例。

以上接口，只有 Grid-Service 类是必需的，其他接口类都是可选的。

采用网格体系结构，博物馆陈展系统的开发人员可以更好地聚焦于展陈本身，而不需关注实现展陈希同的网络实现如何、资源组织如何等问题，就如同人们在生活中用电一样，只关心如何用电，而不关心如何发电。

第五节　云计算体系结构

随着互联网用户的不断增加，以及社交网络、电子商务、虚拟社区等新一代大规模互联网应用的不断迅猛发展，更多的企业和用户试图寻找一种更加有效、廉价的系统解决方案。因此，2006 年 Google、Amazon 等公司提出了"云计算"（Cloud Computing）的构想。根据美国国家标准与技术研究院（National Institute of Standards and Technology，NIST）的定义，云计算是一种按使用量付费的模式，这种模式提供可用的、便捷的、按需的网络访问，进入可配置的计算资源共享池（资源包括网络、服务器、存储、应用软件、服务），这些资源能够被快速提供，只需投入很少的管理工作，或与服务供应商进行很少的交互。计算机资源服务化是云计算重要的表现形式，它为用户屏蔽了数据中心管理、大规模数据处理、应用程序部署等问题。云计算的核心思想是：通过虚拟化技术将相应的硬件资源和软件资源构建为虚拟化资源池，让用户根据自身需要通过网络获取相应资源，并按实际使用量来付费，无须关心资源的管理问题。

云计算综合了分布式计算、并行计算、网格计算、网络存储技术、虚拟化技术和负载均衡等传统计算机技术。与网格计算相似，将资源进行汇集、整合，以服务的形式供给用户使用，用户可以按需获取，以使用量为付费计算标准。但与网格计算不同之处在于，云计算强调大规模资源池的分享，通过分享提高资源复用率，而网格计算则强调的是异构资源的共享；此外，云计算还会根据工作负荷动态分配资源，对于云计算的特点进行归纳，可以总结为以下几点：

（1）超大规模：云中具有成千上万台服务器，云可以赋予用户超强的计算能力。

（2）虚拟化：云计算支持用户在任意位置、使用各种终端获取应用服务。用户不需要知道服务所在的具体位置，以及应用管理和执行的细节等。

（3）高可靠性：云计算使用了数据多副本容错、计算节点同构可互换等措施来保障服务的高可靠性，使用云计算比使用本地计算机更加可靠。

（4）高可扩展性：云的规模可以动态地扩张或缩小，以满足应用和用户规模增长的需要为出发点。

（5）通用性：云计算不针对特定的应用，在云的支撑下可以应对多种多样的应用需求。

（6）按需服务：云以服务的形式为用户提供应用程序、数据、数据存储等资源，以满足用户需求为中心，自动分配资源，不需要系统管理员干预。

（7）廉价性：云的特殊容错措施可以采用极其廉价的节点来构成云，云的自动化集中式管理使用户无须负担数据管理成本，云的通用性使资源的利用率提高。

云计算是个强大的服务网络，可为每个企业或普通用户提供各种服务。通常云计算体系结构主要分为以下六个层面（如图3-3所示）。

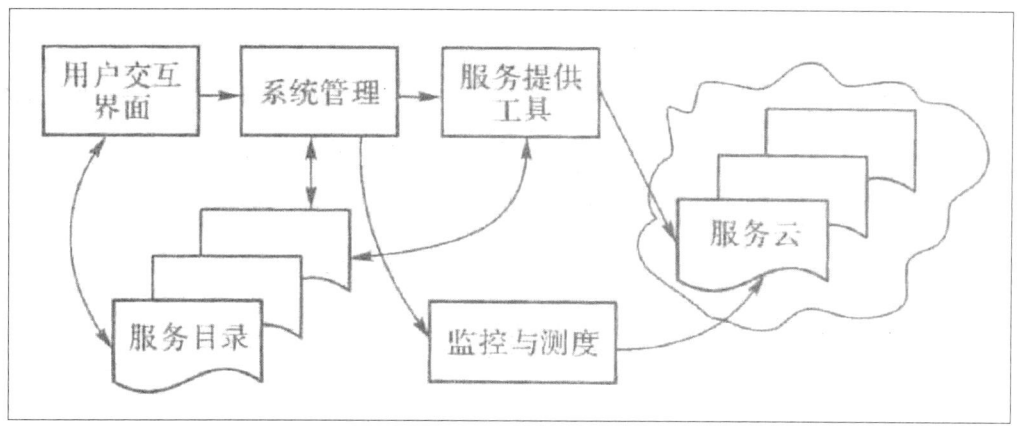

图3-3　云计算体系结构

（1）用户交互界面（User Interaction Interface）：用户与云进行交互的界面，用户在此发出服务请求。

（2）服务目录（Services Catalog）：用户能够请求的所有服务的目录，在云用户获得权限后，可以根据需求进行选择或定制其中服务。

（3）系统管理（System Management）：管理云用户，同时对可用的资源和服务进行管理。

（4）服务提供工具（Provisioning Tool）：根据用户发来的服务请求，对相应资源和应用进行动态部署、配置和回收等。

（5）监控和测度（Monitoring and Metering）：监控和测度云系统资源的使用情况，及时做出反应，提交给中心服务器分析和统计。

（6）服务云（Servers）：服务的提供者，由系统管理的虚拟或物理的服务器，负责计算处理、数据存储处理、应用服务处理等。

根据云计算系统服务集合所提供的服务类型，整个云计算服务集合可以被划分为四个层次：应用层、平台层、基础设施层和虚拟化层。这四个层次分别对应一个子服务集合。

其中三大核心服务为基础设施即服务（Infrastructure as a Service，IaaS）、

平台即服务（Platform as a Service，PaaS）、软件即服务（Software as a Service，SaaS）。

（1）IaaS：主要向用户提供硬件基础设施服务，如提供服务器、操作系统、磁盘存储、数据库和/或信息资源。用户在使用该服务时，需要向其提供基础设施的配置信息，运行其上的程序代码以及其他相关的数据。为了优化硬件资源，IaaS层引入了虚拟化技术。借助Xen、KVM、VMware等虚拟化工具，可以提供可靠性高、可定制性强、规模可扩展的IaaS层服务。

（2）PaaS：以服务的形式为开发人员提供操作系统以及包括开发语言和工具（例如Java，python，Net等）在内的环境，或将收购的应用程序部署到供应商的云计算基础设施上去，用户只需上传程序代码和数据即可使用服务，而不必关注底层的网络、存储、操作系统的管理问题。

（3）SaaS：为用户提供软件及应用程序的服务。用户可以按照自己的需求直接使用，不需要关心软件的安装和升级等。提供商会负责系统的部署、升级和维护。提供商通常是按照用户所租用的软件模块来进行收费的，因此用户可以根据需求按需订购软件应用服务。

云平台下的博物馆数字化建设是大趋势。目前传统博物馆进行数字化建设最大的障碍是专业化人才、设施和经费的短缺，要建设一个高水平的数字化队伍需要一笔庞大的开支。因此，云计算体系结构成为解决这一问题的有效途径。专业的服务云可以帮助博物馆建立理想的数字化平台，博物馆只需要根据自身发展情况提出具体需求就可以。服务器、数据、网络优化等可以委托云平台的运营公司管理，典型代表如阿里云。

第四章 智慧博物馆的数字资源建设

数字博物馆赖以生存的基础是资源,即数字资源。进行博物馆数字资源建设,首先需要分析数字资源的特点及类型,以便能够有效掌握各类数字资源及其来源和基本特征。其中与馆藏文物本体对应的数字资源来源于数字化采集工作,即将本体转化成为相应的文本、图像、视频或三维模型等数字媒体形式。由于采集对象不同、获取的媒体形式不同,采集人员需要使用不同的采集方法。研究不同采集方法的特点和适用性,将为采集人员提供指引和帮助。为了获取统一化、标准化的数据,需要对采集过程应该遵照的规范化标准进行梳理。对于数字资源,尤其是藏品数字资源在著录描述、组织检索、管理利用和整合共享等方面的规范化要求,需要元数据标准的支持。虽然针对数字博物馆的完全通用的元数据标准尚未形成,但是已经有一些相对成熟的元数据标准可资借鉴。因此,梳理和分析这些现有的元数据标准,了解其各自的特点和适用性,将有助于博物馆或相关研究人员对元数据标准更好地使用和完善。此外,对于整体数字资源的管理,将分析建立面向服务的数字资源管理体系。

第一节 数字资源的概念

一、数字博物馆资源的基本概念

数字资源也常被称为电子资源,是指以被计算机识别的"0"和"1"代码形式,即二进制代码,将文字、图像、音频、视频和动画等形式的信息存储在光、磁等非纸质载体上,以光、电信号的形式进行传输,并能通过计算机或其他外部设备再现出来的信息资源。数字资源往往需要数据库技术进行管理、计算机技术进行处理、通信技术进行传输和多媒体技术进行显现，将多个领域融合在一起。数字资源随着网络技术的发展，已渗透到人们的生活、娱乐、休闲、学习和工作的诸多层面，成为人们日常生活中接触最多的资源形式。台式电脑、笔记本、手机和iPad等电子设备已成为存储、处理和发布数字资源的主要工具。数字博物馆中的数字资源内容涉及藏品及针对藏品开展研究而取得的相关成果等，主要是以数字藏品、数字文献资料等形式出现。这些数字资源不仅是数字博物馆开展展示、传播和实施各项教育活动的基础，而且是实体博物馆用于展览和宣传的主要资料。

二、数字博物馆资源的特点

数字博物馆资源具有广义数字资源的特点：

（一）类型多样化

数字资源的信息类型非常多样，从陶瓷、书画、青铜器、玉器、织物，到墓葬、建筑、石刻、壁画等，此外，还有各种保护研究资料。从形式上分，既有文字、照片、图片等静态媒体信息，也有影音、视频、动画等动态多媒体信息。各种类型的信息往往相互交错，被博物馆联合用于展览展示、知识传播和公众教育。

（二）信息共享化

博物馆数字资源可被无差别、无限次地复制，不会影响到信息质量，可以保持信息内容的完整、一致，而数据源本身也不会受到任何损坏。此外，数字资源通过网络可以将其副本传输到网络可达的任意一个角落，可以实现跨省市、跨地区、跨国家，乃至全球范围的共享。

（三）存储介质化

博物馆数字资源的数量极其庞大，需要存储介质的支持，小到计算机系统中的几百KB的ROM芯片，大到上百TB的磁盘阵列系统，存储规模取决于具体存储介质的基本存储量。

（四）处理计算机化

博物馆数字资源的组织、索引、分类、编目和生成报表等工作都需要在计算机上进行，具体依托于数据库管理软件、办公软件、报表软件、统计分析软件等完成实际的任务。计算机是整合、加工和处理数字资源的实施平台。

（五）传输网络化

除光盘、U 盘、移动硬盘等移动存储设备可以实现少量数据的迁移外，大规模数据的传输还是要依赖于网络。通过网络可以实现任意距离、任意区域、任意时间段上的传输，传输具体情况依赖于网络带宽、时延等。

除上述特点之外，博物馆数字资源同普通数字资源一样也具有安全性较低的特点。这主要由其先天性质决定。由于数字资源的产生、加工、处理、存贮和传播等都离不开数字化设备、计算机系统和网络系统，因此博物馆数字资源对各种设备或系统的软、硬件具有很大的依赖性，离开了适应使用的软硬件环境，用户将可能无法使用，甚至无法识别其中信息。此外，数字资源的存储安全性和传输可靠性也受到了计算机病毒和网络病毒等威胁，需要建立病毒检测和防御体系，能够时刻保障资源不被恶意地盗取、篡改和删除。即使如此，还需要警惕一些黑客的主动攻击和破坏，因此也应该建立起合适的反黑客措施，甚至需要建立充分的数据备份方案，能够在数据丢失、被破坏之后及时补救，尽量减少损失。

三、数字博物馆资源的分类

数字博物馆中的资源类型非常多样，对其分类可从以下几个角度入手。

（一）按照资源的内容划分

（1）本体数字资源：本体数字资源是指直接由藏品本体获得的数据，如文物的照片、文物图片、文物的视频和文物的三维模型等，一般是数字化采集设备直接获得的第一手数据，是对藏品本体的直接外在感官内容，尤其是视觉内容的映射，如实反映了藏品本身的外显情况。

（2）描述数字资源：描述数字资源是对藏品本体的基本信息描述，主要以文字、图像的形式描述藏品的类别、名称、年代、质地、尺寸、重量、数量和出土地等信息，是经过专家初步解读的信息，为观众提供了解藏品基本信息的原始资料。

（3）解读数字资源：解读数字资源来源于对藏品本体及其相关内容的进一步研究和分析，是文物专家、学者相互协作的结果，进一步探明藏品的工艺水平、考古价值、历史意义和艺术成就等多方面的问题，是从一个点扩充到对一类藏品、一个事件、一个人物或一种现象的信息还原。

（二）根据资源的加工程度划分

（1）一次数字资源：一次数字资源是直接反映原始藏品内容的资源，没有经过加工、处理和修饰等环节，是保持了藏品原始面貌的资源，主要来自数字化采集设备和一些测量工具。此外，对藏品进行物理、化学检测而获得的基础数据也属于一次数字资源。

（2）二次数字资源：二次数字资源是对一次数字资源加工和处理后的结果，如原始藏品图像内容的修补，文物三维模型的修复，视频信息的转码、压缩等，这些结果往往涉及保护、研究、展示、策划等多个部门。此外，二次数字资源也包括一些藏品目录、报表，研究文献资料等。

（3）多次数字资源：多次数字资源是经过二次以上处理或整合的数字资源，为了满足特定需求而对二次数字资源进一步综合分析和加工整理，如基于藏品统计信息而生成的图表等，还有年度研究报告、展览信息汇总等。

（三）根据资源的媒体形式划分

（1）文本型数字资源：文本型数字资源主要是以字母、数字、符号和汉字来表示信息，所占数字资源的比例最大，是传递复杂信息最常用、最准确的方法，也是博物馆工作人员最为常用的数字资源形式。文本型数字资源是一种跨平台、跨系统的通用文件存储格式和交流形式。文本型数字资源一方面来源于用汉字、字符和数字表示的藏品基本属性和解读信息的内容，如藏品编号、藏品等级、入藏时间、尺寸、重量、考古意义和文化价值等；另一方面来源于对各种书籍、文献、资料等文本型的文档进行扫描之后利用光学字符识别软件提取出的文本数据。典型的文本型数字资源格式包括 TXT、DOC、WPS、PDF 等。

（2）图像型数字资源：图像型数字资源主要是指数字化的图像资源，是对客观对象的直观表示，也是最主要的信息载体，它是对现实物体或画面的抽象浓缩和真实再现。数字图像主要来源于扫描仪、摄像机等采集设备捕捉实际的藏品画面而产生的图像，或是根据测量信息通过软件制作而成，如 Photoshop、CorelDraw 等。数字图像按照其组织形式划分，又分为位图和矢量图。位图也称为像素图，是由称作像素的单个点组成，每个像素都有一个特定的颜色信息，因此整个文件占用空间较大。位图适合表现藏品的细节信息，能很好地反映明暗变化、色彩变化，其图像效果逼真，常被用作展示性材料。矢量图是使用直线和曲线来描述的图形，这些图形元素是一些点、线、矩形、多边形、圆和弧线等，它们都是通过数学公式计算获得的。矢量图只能靠软件生成，与分辨率无关，占用空间较小。矢量图主要以图形化的信息表现藏品的器形、构造等，多被用于内部交流和保护、研究工作。位图和矢量图可以相互转换。位图常见的文件格式包括 JPG、GIF、PNG、BMP 等。矢量图常见的文件格式包括 SWF、SVG、WMF、EMF、EPS 等。

（3）音频型数字资源：音频型数字资源是指数字化的音频资源，需要利用数字化手段对声音进行录制、存放、编辑、压缩或播放，声音涉及语音、音乐、自然声响等。数字化的音频是对听得见的模拟信号采样后的结果，采样率越高，数据的存储量越大，分辨率越高，音频在播放时的质量越好。音频的质量只与录音的质量有关，而与播放音频的设备无关。为了使声音能够从音响设备上输出，数字信号必须重新转换为模拟信号。数字音频和一般磁带、广播、电视中的声音在存储和播放方面有着本质的区别。总体上数字化音频具有存储方便、易传输、存储和传输的过程中没有声音失真、编辑以及处理非常方便等特点。数字音频常用于记录社会、自然界的声音信息，如海啸声、火山喷发声、昆虫的鸣叫声、轮船鸣笛等。数字音频的文件不仅包含了主要的音频数据而且包含了一些控制数据，如计时码和数据均衡等。典型的数字音频文件格式包括 WAV、MP3、

WMA、OGG、RM/RA 等。很多文件格式在文件头部描述了采样速率、信道数量和压缩类型等信息。

（4）视频型数字资源：视频型数字资源是指以数字形式记录的视频，是对模拟视频信号进行数字转换后的产物。一方面，可将模拟视频通过视频采集卡转换为数字信号，将转换后的信号采用数字压缩技术存入计算机磁盘中就成为数字视频。另一方面，可直接用数字视频采集设备记录外界信息来生成数字视频。数码摄像机就是最常用的数字视频采集设备。数字视频虽然数据量大，但方便长期存放，可以不失真地进行无数次复制，它主要以光盘和网络进行传播。数字视频常用于记录需要视觉和听觉共同感知的情景，如民间舞蹈、传统戏剧、曲艺、手工艺和节庆仪式等。典型的视频文件格式包括 MPEG、AVI、WMV、RMVB、MOV、RA/RM/RAM、MP4、FLV 等。

（5）动画型数字资源：动画型数字资源是指数字动画形式的资源，突出相对时间、位置、方向和速度的变化，主要通过软件将图像"动"起来。动画分为二维动画、二维半动画和三维动画。其中二维半动画主要通过阴影、照明和透视效果产生深度信息，三维动画才是最为逼真的动画形式，它能表现现实世界中的任何对象、现象和过程，如人物、动画、建筑、植物以及活动场景、工艺加工流程、化学反应过程等。动画制作有简有繁，通常三维动画制作需要花费大量的精力来创建各个对象模型，涉及对象的外观和表面特征等。根据实物和相关研究资料，数字动画可用于模拟史前恐龙的模样和活动状况、模拟地震发生的过程、模拟火箭发射过程和模拟分子结构等，微观和宏观世界的模拟都可实现。典型的动画文件格式包括 SWF、GIF、MAX、FLA 等。在 Macintosh 和 Windows 平台上最广泛使用的动画制作软件是 Adobe 公司的 Flash。

（四）根据资源的存储载体划分

（1）磁介质型数字资源：磁介质型数字资源主要以磁介质为载体来存储资源，常见的有软盘、硬盘、磁盘阵列、移动硬盘、U盘、磁带等形式。因为磁介质存储器使用磁性材料的物理极化特性，使得其在相当长的时间内能保持信息不变，被广泛用于藏品各类信息的存储。

（2）光介质型数字资源：光介质型数字资源主要以数字形式存储数据，用激光进行数据读取。常见的有 CD 光盘和 DVD 光盘，其中 CD 又分为 CI>ROM，CI>R，CD~RW 三种基本类型。CD~ROM 表示的是只读 CD，意味着用户只能访问事先已记录好的数据，而不能往里写入或擦除。CI>R 表示可写 CD，用户只可以写一次，此后就只能读取，读取次数没有限制。C1>RW 表示的是可重复读写 CD，读取次数没有限制。DVD 是数字通用光盘，以 MPEO2 为标准，拥有较大容量，可储存高分辨率全动态影视，也分一次性刻录的 DVD+/—R 和可重复刻录的 DVD+/—RW。光盘容量大、体积小、重量轻且方便携带，常被用于资源传播，如对藏品目录的传送、藏品解说信息的发布等。

（3）磁光介质型数字资源：磁光介质型数字资源综合了磁性介质和光性介质的优势，是一种磁光盘。与磁性介质不同，磁光盘不受磁场影响，稳定性更强。与光性介质不同，磁光盘可多次写入。但由于价格等原因，磁光盘未被大面积使用，但因其较好的安全性和稳定性，仍被一些大型博物馆和一些文化遗产研究单位所使用。

（五）根据资源的获取形式划分

（1）本地型数字资源：本地型数字资源主要指从对应计算机或内部局域网获取资源，往往涉及博物馆内部部门的相关工作。如从管理藏品的计算机上获取某件藏品的记录，或者是获取馆藏的基本统计信息。此外，通过博物馆内部的局域网获得的一些开放性的藏品文字、图像、视频资料、相关研究成果和展览情况等也属于本地型数字资源。

（2）网络型数字资源：网络型数字资源主要指从外部互联网获取的资源。互联网不仅将博物馆馆际、博物馆与研究机构、博物馆与图书馆和档案馆、博物馆与学校等连接起来，而且将博物馆与每位公众进行了连接，使得更丰富的信息之间产生了交流和共享。如博物馆通过网络获取图书馆中针对某一器物或器物类型研究的专题书籍或文献资料，从档案馆获取某一地方的历史照片、影片和档案信息，从古建研究所获取关于古建修缮方面的信息。此外，博物馆还可通过网络获取公众参与的藏品解读和藏品拍照等内容，从而将优秀的作品和专业学术的内容纳入博物馆本地资源库。

第二节 数字资源采集

博物馆数字资源的采集主要核心任务是对馆藏资源的数字化,即通过一定的硬件设备和软件资源将藏品转换成计算机能够识别和处理的二进制代码的过程。博物馆馆藏类型多样,从平面的书画作品到立体的青铜器、瓷器和化石等,从小的钱币到大的建筑、遗址、遗迹等,不仅涉及风雷电的产生还涉及宇宙的构成等。因此数字化工作是一个庞杂而繁复的过程,必须为各类型藏品找到合适的数字转换方法,从而建立起丰富、完善的藏品数字资源库。除这些实体藏品外,大量的博物馆研究成果和相关文献也需要数字化。针对藏品数字资源的采集,主要考虑采集手段和采集规范这两个方面的问题。

一、采集手段

根据藏品类型以及可获取的数字资源的媒体形式进行划分,主要可以采取以下手段。

(一)古籍文献类

古籍文献是指书写或印刷于1912年以前具有中国古典装帧形式的书籍,包括历朝历代的刻本、写本、稿本和拓本等。古籍文献作为前人留下的精神财富和历史见证,内容和形式都是弥足珍贵的。它是一种非再生性的文化遗产,在长期流传的过程中,虫蛀、老化和霉蚀等自然损坏情况不可避免,加之环境污染的加剧,古籍酸化和老化程度也随之加快,古籍保存状况不容乐观。古籍文献数字化可以对此现状进行改善,主要从利用和保护古籍的目的出发,采用计算机技术将常见的语言文字或图形符号等转化为能被计算机识别的数字符号。古籍文献的数字化可以实现古籍文献文物价值和文化价值的剥离,不仅能够将古籍文献的本体形式进行永久的记录和保存,而且可以将提取出的所承载的内容向广大研究人员开放和使用，可以实现更好的本体保护和价值利用。对于古籍文献本体的数字化，即只是获取其图像信息，可以采用数码摄像机或平板激光扫描仪来实现，即用扫描仪等将古籍文献的文字（包括图表）以图像形式进行存储，保证了古籍文献的原始状态，版式完整保留，不会产生文字错误。而对于古籍文献内容的数字化，则需要经历两个阶段。第一个阶段为古籍文献的整理。由于古籍文献多繁体字，其中还不乏异体字、通假字等，没有标点符号，行文格式烦琐，所以在古籍文献数字化之前要先开展必备的整理工作，需要古籍整理专业人员对古籍文献进行底本选择、编纂、校勘、标点、注释和今译等。第二个阶段为古籍文献的输入，在此阶段主要有三种输入手段可供选择。

第一种为键盘输入。此种方式需要专门的人员将古籍文献的全文通过键盘输入计算机中，可利用拼音、笔画、五笔等输入法帮助实现输入过程。在录入后，通常需要对文本进行校对，一般可采用计算机自动校对和人工辅助校对相结合的方式，以降低文字错误率。然而这种依赖于人工的输入方式在速度上远远不能满足海量古籍文献急需转换的需求。

第二种为光学字符识别（Optical Character Recognition，OCR）输入。OCR是一种较为先进的自动化信息资源输入技术，先通过光学仪器，如影像扫描仪、传真机或任何摄影器材，将影像转入计算机，再通过检测暗、亮的模式确定其形状，然后用字符识别方法将形状翻译成计算机文字。从古籍文献的影像到结果输出，须经过影像输入、影像前处理、文字特征抽取、比对识别、人工校正、文字及版面信息输出。整个识别过程借助了图像处理、模式识别技术。这种方式自动识别和转换的速度快，再结合人工校错，可直接将古籍文献文字转化为对应的文本，不仅提高了输入效率而且节省了一定的人力和物力，是目前最普遍受欢迎和采用的方式。然而，计算机对文字的处理要通过编码来完成，国标字库（GB）仅收字6763个，国标扩展汉字字库（GBK）收字也只有20902个。与此相对的是庞大的汉字数量，《汉语大字典》收字近6万，《中华字海》收字达8万，古籍通用字约有4万，常用异体字约为2万。显然，目前的计算机文字编码不能完全满足古籍文献输入的要求，还存在文字转换错误甚至不能转换的问题。

第三种为手写输入、语音输入等。随着智能输入技术的发展，以及各种输入终端设备的不断完善，手写输入及语音输入已逐渐步入人们的视野，并被广泛用于计算机和智能手机等平台上。手写输入是指将在手写设备上书写时产生的有序轨迹信息转化为汉字内码的过程，可以让使用者按照最自然、最方便的输入方式进行文字输入，可取代键盘或者鼠标。手写输入设备的种类较多，有电磁感应手写板、压感式手写板、触摸屏、触控板和超声波笔等。以上设备都可以接入计算机，使古籍文献录入人员直接录入文本内容。语音输入也称麦克风输入，依赖于录入者的语言，计算机上的语音识别软件将其语言内容转换成可识别的汉字。一般需要录入者对着与计算机相连的麦克风等语音输入设备发出文字的读音。语音输入也是一种最自然、最易用的输入方式。由于汉字的同音字多，在进行语音录入时，系统会提供一些同音字供选择，以实现准确定位。虽然手写输入和语音输入是最为自然和便捷的手段，但由于其需要人工逐字地书写或拼读，不如光学字符识别的速度快，很难满足古籍文献的大批量输入的需求。此外，特别是对于语音输入而言，依赖于录入者对文字的正确发音，因此需要专业从事古文字研究的人来识读古籍文献中的大量生僻字、异体字和通假字等，由于受到了专业限制，并不是人人可以承担语音输入工作。这些状况使得语音输入的方式很难被大范围使用。

（二）书画类

博物馆的书画类藏品是对书法和绘画藏品的统称，主要是指历代著名书法家或画家的作品，具体涉及手卷、碑帖、拓本、国画、油画、水彩画、水粉画和漆画等。这类藏品具有极高的艺术研究价值，是人类历史发展的重要佐证材料。然而，书画类藏品本身多以纸张、丝织品或棉纺织品等纤维质地构成，长期保存面临着诸多困难。首先天然纤维质地的特性容易招致害虫，使其成为害虫的主要食物。其次，天然纤维的易吸湿性，使得其表面容易滋生霉菌，特别是对于纸质材料而言，因为纸张中含有木质素，木质素属酸性物质，会因空气接触、光线照射和环境湿气而造成纸张氧化而发生变黄变脆。此外，空气中的有害物质和灰尘也会破坏书画作品的保存，如有害物质二氧化硫会对藏品产生腐蚀作用，空气中的灰尘不仅会改变有机纤维质地的藏品颜色,还可能在藏品表面形成很难去除的污垢层。同时灰尘中的许多微生物孢子,特别是霉菌孢子会滋生破坏藏品。所有这些因素使得书画藏品的现状保存不容乐观,长时间作用使其外观产生了显著的影响。因此急需对书画类藏品进行及时记录,并采取更加有效和严格的保护手段。数字化的方法,不仅可以解决记录问题,同时利用先进的图像处理技术可使观众在不接触藏品的同时能够领略到藏品的艺术魅力,能有效平衡保护和欣赏之间的矛盾。对于书画作品的数字化采集,主要是获取其外在数字图像（Digital Image）信息,因此可以借助扫描仪或数码相机来实现。

扫描仪是利用光电技术和数字处理技术,以扫描方式将图形或图像信息转换为数字信号的装置。扫描仪通常被用于计算机外部仪器设备,通过捕获图像并将之转换成计算机可以显示、编辑、存储和输出的数字化内容。扫描仪工作时发出的强光照射到扫描对象上,没有被吸收的光线将被反射到光感应器上,光感应器接收到这些信号后,将这些信号传送到模数转换器（模拟信号向数字信号的转换部件）,模数转换器再将其转换成计算机能读取的信号,然后通过驱动程序转换成显示器上能看到的正确图像。可以看出,扫描仪的核心部件是光感应器和模数转换器。扫描仪的主要技术指标有分辨率、灰度级、色彩数、扫描速度和扫描幅面。目前可用于书画类藏品扫描的扫描仪主要有两种类型：平板式和滚筒式。

（1）平板式：平板式扫描仪也称平台式扫描仪,主要是使用电荷耦合器件（Charge Coupled Device,CCD）或接触式图像感应装置（Contactmage Sensor,CIS）作为光感应器。此类扫描仪光学分辨率在300~8000dpi之间,色彩位数从24位到48位,扫描幅面一般为A4或者A3。

（2）滚筒式：滚筒式扫描仪由电子分色机发展而来的,其感测技术是光电倍增管（Photo Multiplier Tube,PMT）,被认为是高精度的彩色作品的最佳选择。滚筒式扫描仪采用旋转扫描对象,滚筒逐点采样的扫描方式,其滚筒旋转速度很高,因此可以将很强的光汇聚于扫描对象上的采样点周围而不会使原稿受损。此外,它扫描的密度范围较大,能够分辨出图像更细微的层次变化和颜色变化,其光学分辨率通常要高于平板式，其扫描幅面可达 A0。

基于以上基础类型，扫描仪在方便使用上也做了许多改进，目前许多扫描仪都可实现自动进纸和连续扫描功能。此外，为了更加适应于特定藏品的扫描，许多厂商也可以根据客户要求，搭建针对性强的扫描平台，因此出现了许多不同的扫描仪型号。由于大幅书画藏品可能需要分多次扫描完成，加之扫描过程中其他因素的出现，如画面倾斜、出现阴影黑边等情况，所以通常需要对扫描的结果进行简单的编辑和处理，如进行倾斜纠正、阴影黑边裁剪和空白页检测删除等，并对多幅分散图像进行拼接。

数码相机（Digital Camera）是利用电子传感器把光学影像转换成电子数据的照相机，不同于传统照相机通过光线引起底片上的化学变化来记录图像。早在 1981 年 8 月，日本索尼公司推出模拟式的 Mavica 电子静态视频相机，这可以说是数码相机的雏形；直到 1995 年，卡西欧公司推出 QV-10 相机，数码相机才彻底告别了模拟数字化方式，真正的数码相机时代也从此开始。在数码相机中，光感应式电荷耦合元件（CCD）或互补金属氧化物半导体（Complementary Metal Oxide Semiconductor，CMOS）被用来取代传统相机底片的化学感光功能。数码相机的工作原理是：当按下快门时，镜头将光线会聚到感光器件 CCD 或 CMOS，把光信号转变为电信号。在采用了 CCD 的数码相机体系中，由于 CCD 输出的是模拟信号，因此需要使用一个模拟信号向数字信号转换的模数转换器（Analogto Digital Converter，ADC）来进行数字化处理。在采用 CMOS 的数码相机体系中，由于 CMOS 器件采用了数字化传输接口，因此不需要采用模数转换器件。通过微处理器（Micro Processor Unit，MPU）读出 CCD/CMOS 的数据信息，对数字信号进行压缩、转化和相应的处理，再转换成特定的图像格式，最后，图像以文件的形式被存储在存储器中。数码相机主要由光学镜头、光电转换器件（COMS/CCD）、模/数转换器（A/D）、微处理器（MPU）、内置存储器、液晶屏幕（LCD）、可移动存储器、接口（计算机/电视机接口）等部分组成。其中光学镜头是数码相机的眼睛，其主要功能就是将光线聚焦到 CCD 或 CMOS 上，镜头的质量越高，拍摄出的画面越清晰。镜头也有变焦镜头、定焦镜头等之分，主要的性能指标有焦距、视场角、相对口径、分辨率、畸变率等。总体上，在衡量数码相机的性能时，可以从以下几个方面考虑：像素数、摄影元件尺寸、变焦倍率和镜头亮度等。目前较常见的数码照相机可区分为卡片相机、单反相机、长焦相机。卡片数码相机在业界内没有明确的概念，仅指那些小巧的外形、相对较轻的机身以及超薄时尚的相机。单反数码相机指的是单镜头反光数码相机，"单镜头"是指摄影曝光光路和取景光路共用一个镜头，单反相机有个很大的特点就是可以交换使用不同规格的镜头，这是普通数码相机不能比拟的。长焦数码相机指的是具有较大光学变焦倍数的机型，能拍摄较远景物的相机，通常光学变焦倍数越大，能拍摄的景物就越远。长焦数码相机的镜头其实和望远镜的原理类似，即通过镜头内部镜片的移动改变焦距。长焦相机特别适合拍摄远处的景物。数码相机与传统胶卷相机相比，具有存储量大、可重复拍摄、即拍即得、输出方便、易操作等特点，所以备受用户的欢迎。对于书画类藏品的拍摄，要求拍摄出的图像清晰度高、色彩还原准确纯正、画面变形要小，因此通常使用单反相机，一般选用50~85的焦距，相机需要固定在三脚架上进行拍摄。对于要拍摄的书画藏品而言，外观要尽量平整，最好是经装裱过或是简单处理过。对于大幅的作品，可以采用分块拍摄再接片的方法，以避免出现变形和光照不均。

（三）器物类

器物涵盖的藏品范围最广，质地不一，种类众多，有石器、陶器、铜器、铁器、金银器、玉器、瓷器和漆器等多种类型，反映了不同历史时期人类社会生产和社会生活的各个方面，是最有力的见证物。器物类型的复杂多样性也决定了其保存环境的复杂多变，每一类器物都有其脆弱易破坏的一面。如漆器、骨质文物以及象牙制品等有机类器物容易受微生物侵蚀，从而降低了器物本身的力学性能和抗腐蚀能力。漆器等木制品，主要由纤维素、半纤维素、木质素组成。纤维内含较多的亲水基因，易导致木材的膨胀、收缩，而且半纤维素的化学稳定也小。温度、湿度、气体和光线等的突变，使水分迅速流失而使器物产生变形、起翘、皱褶和开裂。骨质文物以及象牙，容易出现破裂、糟朽、粉化等现象，此外，当遇热和受潮时，也容易发生翘曲。骨蛋白及填充于骨内的油脂类物质，很容易受到氧化和水解，易受到细菌的侵蚀和破坏。大量无机类器物也同样面临着诸多不利的因素。彩陶表面的颜料容易与附着土粘在一起剥落或在干燥过程中粉化掉色。铁器容易受氧气和水分的作用而产生锈蚀。瓷器属易碎品，震动、挤压、碰撞都会使瓷器破损，此外，加之人为的操作不当，也会造成瓷器的损毁。银器的防腐蚀性较差，潮湿的环境以及空气中的硫化氢和硫化物都会使银器表面氧化，使其色泽由白亮转变为灰或黑色。这些器物类的长久保存面临着巨大困难，因此也迫切需要数字化技术帮助解决保护和利用问题，在器物随时间而发生改变的情况下，利用数字化技术尽快记录下器物的外在形态、色彩、纹饰和构图等信息。通常器物类藏品的数字化采集主要分为二维数字图像（Digital Image）和维模型（3DModel）形式。关于二维图像的采集，主要通过数码相机获取器物的数字图像信息。为了通过数字图像的形式表现出器物的二维空间形态，通常需要多角度拍摄，获取器物的正视图、俯视图、左视图和右视图等，同时需要加拍顶部、底部、局部纹饰特写、造型特写、立面360度、有冲口或残损处加拍特写等。在同一角度上，也会多拍几张，以防止偶尔拍虚的情况。对扁担、钱币等扁平形器物，一般拍摄正反两面，如有边沿上的特殊信息，加拍边沿图像。器物藏品拍摄同样要真实地反映文物原貌，不能使文物变形，不能使拍摄出的画面增大或缩小原器物的真实比例。此外针对不同的器物，在拍摄时应注意拍摄整体的完整性，如对于三足器物，要求三足全部显示出来，不能有所遗漏或遮挡。

器物的三维模型主要是指器物多边形表示形式，反映了三维几何空间形态信息。获取器物藏品的三维模型的手段有三种，一是软件建模，二是图像建模，三是三维激光扫描仪建模。

（1）软件建模：软件建模主要是利用三维模型建模软件3DMAX、Maya、UG及AutoCAD等建立器物的三维模型，基于立方体、球体、锥体等基本几何元素，进行一系列几何操作，如平移、旋转、拉伸以及布尔运算等来构建复杂的模型。这种建模方式往往需要工作人员先获取器物的空间测量数据和纹理信息等，再以此为依据进行建模。这种方法的缺点是工作量大、效率低。并且，由于建模过程极大地依赖于建模人员的专业知识与经验，其精度无法保证。

（2）图像建模：图像建模主要是利用器物的二维图像恢复其三维几何结构，图像的精度直接决定重建效果，整个过程与人类视觉重现过程相似。根据图像的数量来分，可分为单幅图像和多幅序列图像两种。单幅图像是利用对比度、灰度等图像特征确定光照的反射，再由此进一步确定图像的深度，从而确定物体的形体信息。一般来说，主要是通过纹理、轮廓、阴影三方面恢复形体信息。多幅序列图像主要借助多幅图像信息，根据光度立体学法、立体视觉法或光流法来确定光照、反射等不变量，进而建立形体信息。这种直接使用真实照片进行物体的三维几何重建方法，具有逼真、易用、低成本的优势。该方法的重点和难点是特征点的匹配，一直是科学研究界不断攻克的问题。

（3）三维扫描仪建模：主要是利用三维激光扫描仪（3DLaser Scanner）完成对实际物体三维建模，能快速方便地将真实世界的立体空间信息、色彩信息等转换为计算机能直接处理的数字信号。它与传统的平面扫描仪和摄像机相比有很大不同，它可以获得器物藏品表面每个采样点的三维空间坐标，以及每个采样点的颜色信息。扫描的结果是一个包含每个采样点的三维空间坐标和颜色的数字模型文件，可直接用于三维模型软件进行编辑和处理。这种建模方式主要依赖于三维扫描仪。三维扫描仪是一种科学仪器，用来侦测并分析现实世界中物体或环境的形状（几何构造）与外观数据（如颜色、表面反照率等性质），大体分为接触式和非接触式两种类型。对于藏品的扫描通常需要在尽量保护藏品的情况下进行，所以基本上都选用非接触式扫描仪。非接触式三维扫描仪又分为光栅三维扫描仪（也称拍照式三维描仪）和激光扫描仪。光栅三维扫描仪采用可见光将特定的光栅条纹投影到测量工作表面，借助两个高分辨率CCD数码相机对光栅干涉条纹进行拍照，利用光学拍照定位技术和光栅测量原理，可在极短时间内获得复杂物体表面每个像素点的三维坐标。系统能对信息进行全自动拼接，具有高效率、高精度、高寿命和高解析度等优点，特别适用于扫描复杂自由曲面物体，以及柔软、易变形的物体，但对反光物体敏感。此外在获取表面三维数据的同时，能迅速地获取纹理信息，真实感更强。三维激光扫描仪利用激光测距的原理，通过记录被测物体表面大量的密集点的三维坐标、反射率和纹理等信息，快速建立出被测目标的三维模型及线、面、体等图件数据。它具有非接触性、快速、穿透性好、实时、高密度、高精度和自动化等特性，特别满足藏品三维模型高精度、快速采集的要求。三维激光扫描仪按照载体的不同，可分为机载、车载、地面和手持型四类。按照测量方式的不同，可分为脉冲式、相位式和三角测距式。脉冲式的距离最长，但精度随距离的增加而降低。相位式适合于中程测量，具有较高的测量精度，通过两个间接测量得到距离值。三角测量测程最短，但是其精度最高，适合近距离、室内的测量。因此对于中小型器物，可采用相位式或三角测距式扫描仪实现三维模型的采集。对于亭台、古桥、庙宇等建筑的三维模型采集则适合采用脉冲式扫描仪。然而三维激光扫描仪不适用于表面脆弱或易变质的物体。

（四）其他

除古籍文献类、书画类和器物类的藏品之外，电影、纪录片、音乐、录音等影像、视听类对象也是博物馆的藏品，如中国电影博物馆中的电影资料、音乐博物馆中的乐曲资料、自然博物馆中的有关动物的野外录像资料以及各种昆虫鸣叫的录音等。除此之外，在涉及非遗类文化遗产的博物馆往往会有关于某项仪式、节庆活动、工艺制作等方面的现场录像资料。以上这些信息，在存储上多以磁带、胶片等介质保存，长时间存放会造成带基老化、磁带打卷儿、磁粉脱落而影响质量。所以为了方便这类藏品的持久保存和保持质量的稳定，也需要采用数字化的技术，将其转换成数字化的声音、视频资料。对于磁带介质，主要是将模拟的音频、视频信号转换为数字信号，这就是模数转换的过程，主要通过采样、量化和编码来实现。对于音频信息，需要磁带播放机、带有声卡的计算机、音频转录线以及能转换、编辑音频的软件，如 Gold Wave、MP3 Sound Recorder 等，将数字化的结果存储为 MP3 或是 WAV 的格式。对于视频信息，需要视频资料播放设备、带视频捕捉卡的计算机、视频线和视频识别、捕捉、处理软件，如 Virtual Dub 等，将数字化结果存储为 AVI 或 MPEG 等格式。对于胶片介质，数字化的方法有两种，一种是直接通过扫描仪扫描胶片得到数字文件，另一种是胶转磁后对磁带进行采集得到数字文件。直接扫描可以得到图片序列帧，可以得到线性方式记录的 TIFF 格式，或者是 Log 方式记录的 DPX 等格式，得到的图像质量好，细节丰富。扫描方式一般速度较慢。典型的胶片扫描仪有 Domino、Cine on、IMAGICA 的 Imager3000V、Oxbery 的 Cine Scan 等，一般扫描速度是 2K 分辨率用 15 秒左右的时间。胶转磁是将胶片等模拟图像信号转换为磁带录像电信号，基本原理是利用电视电影机将胶片图像转换成视频电子信号，再利用磁带录像机将视频电子信号记录于录像磁带上，这种方式可以得到标清或者高清的磁带。常见的电视电影机有放映机—摄像机组型、飞点扫描型和电荷耦合器件扫描型三种，而胶转磁设备有汤姆逊（THOMSON）Spim Data Cine。对于胶转磁之后的磁带进行直接采样就可获得数字化的文件。除了实际的转换工作之外，还需要对视频、音频信息进行基本修复，恢复色差、饱和度，去除划痕、删减空白等。一般有两种方式，一种是直接在线修复，通过自动模式或交互模式工具，修复胶片或视频图像出现的多种问题，包括划痕、霉斑、噪点、污垢、闪动和抖动等；另一种是将影片数字化变成文件之后，再对数字文件进行影像修复。对于音频信息，可利用音频处理软件来实现均衡、动态处理、降噪处理、转换成双声道立体声等。对于视频信息，可利用视频处理软件进行亮度、灰度、对比度等的调整，消除噪声，以及利用前后画面的相似性与相同性，去除划伤和霉斑、污点等。

对于已存储的影像类藏品的数字化采集可以采用上述方法进行转换。对于要记录和存储的影像信息则可以采用视频数字化设备进行现场录制，直接产生数字化的文件。数码摄像机是最重要的视频数字化设备，即通过感光元件将光信号转变成电流，再将模拟电信号转变成数字信号，由专门的芯片进行处理和过滤后得到最终的动态画面信息。数码摄像机的优点是体积小、清晰度高、方便使用。它既可以拍摄动态的影像，也可以像数码照相机一样拍摄静态二维图像。数码摄像机按用途分，有广播级机型、专业级机型和消费级机型。广播级机型主要用于电视领域，图像质量高，性能全面，但价格较高，体积也比较大，它们的清晰度最高，信噪比最大，图像质量最好。专业级机型应用在广播电视以外的专业电视领域，如电化教育等，图像质量低于广播用摄像机。消费级机型主要是适合家庭使用的摄像机，应用在图像质量要求不高的非专业场合，适合家庭娱乐等，这类摄像机体积小重量轻，便于携带，操作简单，价格便宜。数码摄像机的存贮介质有磁带、光盘、硬盘和存储卡之分。数码摄像机的技术指标有电荷耦合器件（CCD）的尺寸、水平分解力、最小照度、扫描制式、信噪比等。博物馆在实际使用中可以根据录制对象的特点、要播放的场所、实际经济情况来决定选用那种摄像机。

除了藏品实体的数字化采集，在实际博物馆的藏品的数字化工作还包括将藏品的登记信息，如藏品的名称、等级、尺寸、重量、年代、现状和来源等文字信息录入计算机中，以及对藏品所蕴含的历史价值、艺术价值、科学价值和文化价值的文字信息的数字化转化。一般都通过人工输入的方式进行，这需要工作人员熟悉计算机的基本操作，掌握一种快速输入法通过键盘完成录入工作。录入人员必须遵循真实性原则、完整性原则，严格按照术语规范和操作规程进行。理论上参与录入的人员越多，转换的速度越快。然而在实际操作中，为了减少录入中的错误，保证数据的真实性、科学性和规范性，通常采用单人录入、多人校对的方式，将主要精力投入对信息的校对上。多人校对往往会弥补单人校对因疲劳而产生的错误，以提高录入数据的准确性。校对人员需要具备专业知识，能够迅速地排查录入数据中的标点符号错误、用词错误、语句错误等。

二、采集规范

数字博物馆的建设实际是一系列标准化建设，以方便信息管理、存储、共享、传输和服务等。作为数字博物馆建设的重心，即藏品资源的数字化也应遵照标准化、规范化的准则。制定统一的采集、处理、存储等标准，提高藏品信息的兼容性及共享性，为藏品信息的统一、科学管理提供基础。对于藏品的影像数据的采集，国家文物局出台了《博物馆藏品二维影像技术规范（试行）》，规定了传统影像的技术要求和数码影像的技术要求以及基本的数值化方式，增加了相关的影像数值化方面的一些名词。对于数码影像，主要规定了二维图像藏品数码影像采用RGB真彩色模式的位图表示、藏品数码影像每个原色的灰度等级不低于64级、藏品间接数值化采集数码影像时所用扫描设备的光学分辨率不小于 600dpi 等方面的内容。以《博物馆藏品二维影像技术规范（试行）》为基础，为了配合全国的"文物调查及数据库管理系统建设"工作，2008 年国家文物局颁布了《博物馆藏品二维影像技术规范（内部使用）》，借鉴了《博物馆藏品二维影像技术规范（试行）》《馆藏文物档案影像采集样本》、台湾大学图书馆《台湾古拓碑》典藏数字化影像制作规范、台湾大学图书馆《淡新档案》典藏数字化影像制作规范而制定的。主要分为馆藏文物二维影像的扫描规范和拍摄规范。与《博物馆藏品二维影像技术规范（试行）》相比主要变化是，增加了二维影像扫描的技术规范，增加了二维影像拍摄环境、设备及技术要求的规定类目。在藏品登录信息的标准化、规范化方面也有特定的要求，国家文物局颁布了《博物馆藏品信息指标体系规范（试行）》（文物博发〔2001〕81 号）和《博物馆藏品信息指标著录规范》，以规范博物馆藏品信息采集著录行为，方便信息处理与交换。为了方便声音、视频信息的分类和著录，2008 年国家文物局又颁布了《博物馆藏品声像信息指标规范（试行）》，主要结合文物数据采集工作的实践，以满足有关声像数据采集著录的具体要求而编制，是对《博物馆藏品信息指标体系规范（试行）》做了必要的补充，相当于《博物馆藏品信息指标体系规范（试行）》的 C03 部分，与《博物馆藏品信息指标体系规范（试行）》C03 部分的一致性程度为非等效。与 C03 部分相比主要变化是：对指标要素的划分做了增删和修订，对指标要素的描述做了变更，对指标要素的编码方法做了变更。

第三节 相关元数据标准之分析

藏品数字资源的著录描述、组织检索、管理利用和整合共享都需要元数据的支持。元数据最先作为计算机科学领域的专用术语出现在美国国家航空与航天局 1987 年发布的《目录交换格式》（Directory Interchange Format，DIF）。元数据（Metadata）是描述数据的数据，更为确切地讲是描述流程、信息和对象的数据。这些描述涉及技术属性（如结构和行为）、业务定义（包括字典和分类法）以及操作特征（如活动指标和使用历史）。元数据同时面向文字、图像、声音和视频等多媒体信息，为其提供规范以及描述、检索和管理的方法。

元数据标准是元数据研究存在的基础。元数据标准按功能分，大致可分为数据内容标准、数据结构标准、数据保存标准、数据交换标准和数据访问标准等。目前已经有许多元数据标准，不仅包括通用的元数据标准，还包括各个领域根据自身的特点而制定的不同侧重的元数据标准。在通用元数据标准方面，都柏林核心集（Dublin Core Element Set，DC）是目前世界上使用范围最广、影响力最大的通用元数据标准，于1995年3月由联机计算机图书馆中心（Online Computer Library Center，OCLC）和美国国家超级计算应用中心（National Centr for Supercomputing Applications，NCSA）联合在美国俄亥俄州的都柏林镇召开的第一届元数据研讨会上产生。其目的在于如何用1个简单的元数据记录来描述种类繁多的电子信息，使非图书馆专业人员也能够了解和使用这种著录格式，达到有效地描述和检索网上资源。首次会议设定了13个核心元素，即都柏林核心（Dublin Core，DC），是在网络环境中帮助发现文件类对象（Document-Uke Object）所需要的最小元数据集。这13个核心元素为主题（Subject）、题名（Title）、作者（Author）、出版者（Publisher）、相关责任者（Other Agent）、出版日期（Date）、对象类型（Object Type）、格式（Form）、标识（Identifier）、关联（Relation）、来源（Source）、语种（Language）、覆盖范围（Coverage）。随后在第三届会议上又增加了2个元素：描述（Description）和权限（Rights），形成了由15个元素构成的核心元素集。由于DC已能较好地解决网络资源的发现、控制和管理问题，加之它的通用性、可选择性、可修饰性、灵活性和可扩展性，已经被博物馆、教育、商业和科学研究等多个领域广泛采用。元数据标准的建设将有利于对藏品数字资源进行组织、管理、发现、识别、选择、定位、开发、利用和评价，有助于实现藏品数字资源的虚拟展现、集成整合与长期保存。其标准性、通用性与开放性将进一步规范数字博物馆系统建设，形成网络化、标准化和国际化的数字博物馆体系，保证数字博物馆可持续的发展。目前针对数字博物馆的完全通用的元数据标准还没有形成，但是已经有一些成熟的元数据标准可用来借鉴。

一、CDWA

CDWA（Categories for the Description of Works of Art）元数据标准是由盖蒂基金会（J.Paul Getty Trust）及美国大学艺术学会（College Art Association）联合资助的艺术信息处理工作组（Art Information Task Force，AITF）定义的，于1996年发布。CDWA力图建立艺术作品及其可视资源和文献资源的描述标准，包括描述艺术品物理形态、图像及与时空、人物、历史文化等方面的上下文关系等。CDWA元数据方案共设27个核心元素，每个核心元素又含有一层或多层子元素。CDWA元数据既有描述艺术品物质外形特征和内容特征的元素，又有关于艺术品的保存、管理以及编目信息方面的元素。CDWA中有很多元素都反映了艺术品特有的特点，如Orientation/Arrangement（方位/布置）、Inscriptions/Marks（题铭/标志）、Style/Periods/Groups/Movements（风格/时期期/流派/乐章）、Critical Opinions（评论）。CDWA元数据的描述重点在于"可移动"对象及其图像，包括来自不同时期和地理范围的油画、雕刻、陶艺、金属制品、家具、设计、表演艺术等。

二、VRA

VRA（Core Categories for Visual Resources Association）元数据标准ID由美国视觉资料协会制定，是为在网络环境下描述艺术、建筑、史前古器物和民间文化等艺术类可视化资源而建立的元数据标准。描述包括绘画、雕塑、表演、乐曲、文艺作品、建筑物和建筑设计等艺术类可视化资源。它主要由两部分组成，一是作品著录类部分，用于任何一种作品实体或者某种视觉文献所记载的原始作品的著录，包括19个数据单元，如作品类型、载体材料、收藏单位名称、收藏地点和收藏号等；二是视觉文献著录部分，用于记载某一作品实体的视觉文献的著录，包括9个单元，如视觉文献类型、视觉文献格式、视觉文献尺寸、视觉文献收藏者等。VRA在2000年7月24日推出了3.0版本，在此版本中将the Work（W）和the Visual Document（V）单元进行了合并，最终形成了17项元数。

VRA著录单元集合比较简单，比较适用于艺术作品、建筑、民间文化等。

三、REACH

REACH元数据标准由1997年美国研究图书馆协会（Research Library Group，RLG）为探索有效组织博物馆信息、提供博物馆资源在线服务而提出了REACH元素集（The REACH Element Set），包含20个基本元素，主要包括对象类型、创作日期、出处、技术和媒介等。REACH元数据标准适合描述传统博物馆藏品及其数字化对象，着重对藏品的艺术、技术和存储信息以及数字化对象进行描述。

四、CIMI、SPECTRUM和ARCO

CIMI标准框架（ASt and ards Frame work for the Computer Interchange of Museum Information）于1993年由博物馆资讯交换联盟提出，完整的框架包含交换协议、交换格式、低层网络和通信以及内容的数据标准。从1994年开始主要执行线上文化遗产信息计划——CHIO(Cultural Heritage Information Online)，主要目标是提供对各类博物馆信息的记录方式，包括展览目录的全文本、展品文字解释（Wall Texts）、图像以及传统的文献类信息。CHIO包括两个部分：CHIO结构（包括内容数据标准及其格式）和CHIO存取。1997年开始进行CHIOII，主要目的在于测试这些位于不同储存地的数字博物馆资源平台间的互通信的有效性，并加以改良，协助博物馆相关单位利用各项标准检索博物馆资源，开发博物馆重要信息内涵，谋求国际博物馆合作，制定相关标准，以保证信息有效检索与利用。

SPECTRUM标准，由英国博物馆记录协会（Museum Documentation Association）于1991年开始编制，目的在于梳理英国博物馆百年积累的管理技术和经验，规范博物馆收藏业务程序，说明程序所需的信息需求，提供博物馆收藏业务的程序与著录标准，以供博物馆建立自己的收藏标准程序，并于1994年正式出版第一版。其主要内容分为两部分，第一部分是有关藏品管理程序的规定，主要定义了 21 项管理程序，涉及入馆、登录、保存和利用等方面，并对各阶段的相关信息进行说明。其中 8 项被纳入英国博物馆评鉴制度（The Museum Accreditation Scheme）的基本要求中，分别是入馆、借入、获取、储存与变动、编目、维护、藏品照护、物件出馆及贷出。第二部分是有关信息环境建立的规定，主要说明实现藏品管理的各种信息需求，涉及文物描述、编目、索引以及相关术语的产生、馆藏记录的维护和登录管理等。在藏品记录方面，主要分为大类信息、机构信息、编目记录信息、藏品识别信息（如文物描述、制作工艺、历史情况及参考文献等）、藏品管理信息等多个方面。标准当前最新的是 3.1 版本。

ARCO 元数据集（ARCO Metadata Element Set，AMS）是由欧盟资助的专门服务于数字博物馆的虚拟展示的元数据标准。AMS 注重对实物及其数字化对象的描述。它主要包括文化对象元数据（Administrative Metadata）、获取对象元数据（Acquired Object Metadata）、加工对象元数据（Refined Object Metadata）、媒体对象元数据（Media Object Metadata）、媒体对象简单图像元数据（Media Object Simple Image Metadata）、媒体对象 3dsMax 项目元数据（Media Object 3dsMax Project Metadata）、媒体对象描述元数据（Media Object Description Metadata）、媒体对象多分辨率元数据（Media Object Multiresolution Image Metadata）、媒体对象全景图像元数据（Media Object Panorama Image Metadata）和媒体对象 VRML 元数据（Media Object VRML Metadata）。该标准已被很多机构所采用。

五、其他

此外，还有一些领域相关的标准也可被数字博物馆所借鉴。如在数字图书馆、数字档案馆领域，开放式档案信息系统模型（Reference Model for an Open Archival Information System，DAIS）是 1995 年在国际标准化组织（International Organization for Standardization，ISC）的请求下由美国国家航空和航天局的空间数据系统咨询委员会（Consultative Committee for Space Data Systems，CCSDS）开始开发，旨在对数字信息的存取和长期保存规定概念和参考框架。

2002年1月最终通过审核，正式成为一项新的国际标准（ISO：14721）。它现已成为国际上很多数字档案的研究和开发项目优先遵守的标准规范，OAIS参考模型的出现为数字档案信息进行长期保存和持续利用提供了一个最佳途径，已成为一种开放性数字档案馆建设的基本框架和所应遵循的原则。OAIS信息模型提出了信息包的概念，它将信息在系统中输入、运转和输出的结构概念化，分为提交信息包（Submission Information Package，SIP）、存档信息包（Archival Information Package，AIP）和分发信息包（Dissemination Information Package，DIP）。OAIS有六项主要功能，分别为接收功能（Ingest）、档案存储功能（Archival Storage）、数据管理功能（Data Management）、系统管理功能（Administration）、保存规划功能（Preservation Planning）和存取功能（Access）。这六项功能为OAIS数字存档系统的总体功能框架的设计和实现提供了较为完整的高层概念模型。此外，编码档案描述（Encoded Archival Description，EAD）是由美国国会图书馆网络开发、MARC标准办公室和美国档案管理员协会联合开发维护的，主要用于描述档案和手稿资源，包括文本文档、电子文档、可视材料和声音记录等。目前，EAD以XML作为编码标准，它能够支持档案工作者惯用检索工具的一般结构，而且不依赖于某些特定平台、对万维网有良好的适应性，并且它具有足够的灵活性可以适用于多种类型的馆藏。EAD共有146个元素，由EAD标目（Eadheader）、前置事项（From Matter）、样案描述（Archdesc）三个高层元素组成，每一个高层元素下可分若干子元素，子元素下还可再细分出若干元素，涉及题名、版本、大小、摘要、实体描述、附注、评价、访问限制、保管历史、处理信息和使用限制等。在人文科学领域，文本编码计划（Text Encoding Initiative，TEI）元数据标准由计算机和人文协会、计算语言学会、文字语言协会联合制定，用于电子形式交换的文本编码标准。其中规定了对电子文本的描述方法、标记定义和记录结构。TEI元数据标准可以对元数据和内容数据进行描述，主要包括TEI Header、Front、Body和Back四个部分。TEI标准使用SGML作为数据记录的编码语言，规定了供记录交换用的标准编码格式。TEI格式具有很大的灵活性、综合性、可扩展性，能对各种类型或特征的文档进行编码。

在地理空间领域，地理空间数据的元数据内容标准（Content Standard for Digital Geospatial Metadata，CSDGM）是由美国联邦地理数据委员会（Federal Geographic Data Committee，FGDC）制定的，目的在于确定一个描述数字地理空间数据的术语及其定义集合，包括需要的数据元素、复合元素（一组数据元素）以及它们的定义和域值，以及描述数字地理空间数据集的元数据信息内容。FGDC，是按照段（Section）、复合元素（Compound Element）、数据元素（Data Element）来组织记录的，包括7个主要子集和3个辅助子集，共有460个元数据实体（含复合元素）和元素。FGDC为子集、复合元素和元素规定了3种性质：必需的、一定条件下必需的和可选的。主要子集包括标识信息、数据质量信息、空间数据组织信息、空间参照系统信息、实体和属性信息、发行信息和元数据参考信息。辅助子集包括引用文献（引证）信息、时间信息和联系信息等。

国内关于相关标准的研究还处于发展阶段，2001年为了适应全国文博信息化建设发展的需要，规范博物馆藏品信息处理和交换工作，建立博物馆藏品信息管理系统，国家文物局发布了《博物馆藏品信息指标体系规范（试行）》和《博物馆藏品二维影像技术规范（试行）》。规范的制定主要依据《中华人民共和国文物保护法》《中华人民共和国文物保护法实施细则》和《省、市、自治区博物馆工作条例》《博物馆藏品管理办法》《文物藏品定级标准》《藏品档案填写说明》《全国文物事业统计报表制度》等法律法规，参考《博物馆藏品保管工作手册》，借鉴国际博物馆协会《国际博物馆藏品信息准则》，结合了全国各类博物馆藏品保护、使用、管理的实际与今后发展的需要。这两个规范为数字博物馆藏品信息的采集、登记和管理提供了基本标准，满足了博物馆藏品信息处理与交换最基本的要求。其中藏品信息指标体系包括三个指标群：藏品信息、藏品管理工作信息和藏品文档信息、研究论著信息与声像资料信息，33个指标集和139个指标项。139个藏品信息指标项是面向全国的博物馆藏品信息管理工作，基本涵盖了各种类型博物馆的藏品以及藏品保管、保护、使用、研究等工作流程与内容。《博物馆藏品二维影像技术规范》规定了藏品影像数值化的技术内容，增加了相关的影像数值化方面的一些名词。随后，结合山西、河南、辽宁、甘肃等文物数据采集工作的实践，为满足《馆藏文物信息管理系统软件》中有关数据采集著录的具体要求，由中国文物信息咨询中心组织编制出《博物馆藏品信息指标著录规范》，对《博物馆藏品信息指标体系规范（试行）》做了必要的补充，规范博物馆藏品信息采集著录行为。2008年国家文物局又颁布了《博物馆藏品声像信息指标规范（试行）》，主要结合文物数据采集工作的实践，以满足有关声像数据采集著录的具体要求而编制，对《博物馆藏品信息指标体系规范（试行）》做了必要的补充，涉及1个指标群，3个指标集和21个指标项。

第四节　面向服务的数字资源管理

　　数字资源的管理是借助计算机技术和网络技术将数字博物馆中各类数字资源进行组织，并集成在一起，以提高工作效率和服务效率，方便共享和使用。随着公众对博物馆信息需求的不断扩展，以及出版、教育、娱乐、旅游等行业对博物馆藏品资源的利用需求和专业获取需求的提升，数字博物馆在资源的组织和管理上都要以面向不同服务需求为目的，所有的数据管理工作都必须以面向服务为出发点。由于在不同的应用领域，所需要的藏品数字信息的内容和形式截然不同，因此需要根据不同的应用需求，结合面向对象数据管理的特点，随时组合、定制不同的数据信息服务，充分发挥数字资源的价值。基于上述考虑，对于数字资源的管理体系而言，主要进行三个层面的建设：资源层面、功能层面和服务层面。

　　首先在资源层面，主要实现数字藏品资源库建设和知识库的建设。数字藏品资源库是数字博物馆开展活动的先决条件，也是数字博物馆整体建设的根基所在。它不仅影响到博物馆内部各项事务的开展，也将影响到博物馆的持续性发展。数字藏品资源的类型多样，内容丰富，表现形式不一，对于其管理，既要考虑到科学性、合理性，也要考虑到组织、检索的方便。因此，通常可以从数字藏品的媒体形式入手，构建多媒体资源库。多媒体资源库以不同媒体类型为对象，主要由以下分库构成：

1. 藏品图像库：以藏品的数字图像为对象，对其进行有效组织、存储和检索的数据库。

2. 藏品音频库：以录制或合成的数字音频为对象，对乐曲、戏曲、歌曲、相声、解说、讲演、访谈等以及各种自然声响进行有效组织、存储和检索的数据库。

3. 藏品视频库：以录制或合成的数字视频为对象，对反应加工流程、制作工艺、仪式过程、表演流程、行为方式、解说录像等动态视频资料进行有效组织、存储和检索的数据库。

4. 藏品三维模型库：以通过三维激光扫描仪采集的数据或建模软件制作的数据为对象，对反映藏品空间立体形态和内部结构的三维点云数据、网格数据或曲面数据进行有效的组织、存储和检索的数据库。

5. 藏品基础资料库：以藏品的基本描述信息和解读信息为对象，对藏品名称、年代、质地、尺寸、重量、数量和出土地等信息，以及经过专家初步解读的文化背景、历史意义等信息进行有效的组织、存储和检索的数据库。

在多媒体资源库的实现上可采用扩充关系数据库的方法，采用面向对象的多媒体数据库方法、超文本或超媒体数据库的方法。

知识库主要存储对藏品本体和价值进行深层次研究和挖掘的结果。对藏品的器形、纹饰、图案、结构、材料、颜色、制作工艺、烧造工艺和使用语境等不同层面所具有的历史、科学和艺术价值进行深层次的分析和研究。对藏品所蕴含的非直观、超时空和连续的信息进行挖掘，如挖掘藏品所处社会环境的政治、经济、文化和社会教育等方面的情况，让隐藏的内容得以显现。同时知识库也存储藏品与其他藏品、档案及文献资料之间的关联关系，能够将不同专业领域的知识进行系统化的组织、分类和整合，为不同行业用户和公众用户的跨领域多元的知识获取、分享和利用奠定基础。

在功能层面上，主要向博物馆内的工作人员和馆外用户提供使用数字藏品资源库和知识库的方法和手段。针对博物馆内的工作人员，为其提供浏览、查询、添加、删除、修改、更新、归类、统计、发布和生成报表等功能。针对馆外用户，为其提供基本浏览、检索、查询、共享、上传和下载等功能。

在服务层面上，通过网络将数字博物馆与不同行业用户和公众用户联系起来，建立有线、无线的连接。允许用户可以通过PC、平板电脑、智能手机等设备进行访问。服务层面是用户面向数字藏品资源发起各种需求的直观表现层，也是数字博物馆系统反馈各种信息、提供各种服务的终极反映层。服务层体现了用户和数字博物馆的互动和交流。此外，服务层也是数字藏品系统服务于博物馆日常工作事务的直观通道，为博物馆工作人员提供了关于藏品浏览、资料下载、信息查找等服务。

除了三个基本层面的建设，为了保障数字资源的完整、一致和安全，便于三个层面的交互运作，提升系统服务的质量和效率，还需要进行用户管理。

主要根据用户的类别或角色，授予不同等级的权限。对数字资源库建设过程中的博物馆用户进行增加、删除、修改、查询、检索等功能权限的管理。对行业用户、公众用户和博物馆一般工作人员使用资源进行许可、控制和监督，根据情况实际分配查询、浏览、下载或上传等功能权限，并保护资源的使用者的相关利益不受损。此外，针对不同领域用户，进行资源权限管理，分众开放资源，采用多个联合、单个完整、单个局部的分等级、分层次开放策略，可结合数据库视图技术实现。

第五章 智慧博物馆的建设标准及思路

第一节 建设标准

智慧博物馆是在传统博物馆、博物馆信息化、数字博物馆充分发展的基础上形成的，以信息网络技术最新成果为支撑的博物馆新业态。自2014年起，国家文物局就启动了智慧博物馆试点建设工作，首批试点包括秦始皇帝陵博物院、内蒙古博物院、广东省博物馆、甘肃省博物馆、金沙遗址博物馆、苏州博物馆6家单位。2017年2月，国家文物局发布的《国家文物事业发展"十三五"规划》中明确在全国范围内启动智慧博物馆建设工程，"运用物联网、大数据、云计算、移动互联等现代信息技术，研发智慧博物馆技术支撑体系、知识组织和'五觉'虚拟体验技术"。规划要求推进文物信息化建设，全面推进文物保护、利用、管理、研究信息化整合共享工作，建设国家文物大数据库。中国国家博物馆于2018年启动了"智慧国博"项目，以"透彻感知、泛在互联、智慧融合、自主学习、迭代提升"为技术路线，对博物馆业务进行了格局重塑、组织重构、流程再造，在全国博物馆界产生了较大影响力。

虽然近几年智慧博物馆建设工作取得了较大成果，但是关于智慧博物馆建设标准的研究成果较少。有一种观点是，建设智慧博物馆，必须标准先行。实际上，标准的发展过程应遵循"循环往复螺旋式上升"模式，按照"实践应用、标准研制、实践应用、标准修订、实践应用、标准修订……"步骤来开展。没有大量的实践光靠理论推导无法制定出有指导意义的标准，只能说是纸上谈兵。标准应具有通用性、指导性，至少应将7至10家不同类型、不同规模的博物馆智慧化建设工作进行归纳总结，提炼出智慧博物馆建设标准，才可以确保有较强的指导作用。建设实践与标准制定是互相促进的关系。通过大量的实践可以归纳提炼出标准规范和标准体系。标准反过来可以促进实践的发展和进一步推进。一个有生命力的标准原则上要经过多次修订，位顺应信息技术快速发展的趋势，至少3年至5年进行一次修订。

然而，标准有生命周期，可以划分为"研制、实施、修订、废止"四大阶段，姑且称之为"四阶段标准生命周期模型"。标准的生命周期取决于多种因素，其中一个关键因素是标准所对应的事物的生命周期。事物的生命周期不仅决定了标准存在的当下意义，也决定了其内容、类型和应用范围等。例如，博物馆信息化建设经历了多个阶段，有信息化阶段、数字化阶段、智慧化阶段，将来还会有更高级的阶段出现。之前都叫数字博物馆，现在叫智慧博物馆，若干年以后，无法预测将会出现什么概念什么形式。如果智慧博物馆的概念过时了，那么相应的智慧博物馆标准也将衰退而被遗弃。智慧博物馆建设标准的研究，可以借鉴"智慧城市"标准建设的经验，从而少走弯路。因为"智慧城市"标准建设起步较早，在2016年和2017年分别发布了《国家新型智慧城市评价指标（2016年版）》《智慧城市 技术参考模型》GB/T 34678-2017、《智慧城市评价模型及基础评价指标体系 第一部分：总体框架及分项评价指标制定的要求》GB/T 34680.1-2017、《智慧城市评价模型及基础评价指标体系第三部分：信息资源》GB/T 34680.3-2017等。

一、智慧博物馆标准建设的原则

国家有一系列关于标准制定的指导标准规范，如《标准化工作导则》GB/T 1.1、《标准化工作指南》GB/T 20000、《标准编写规则》GB/T 20001、《标准中特定内容的起草》GB/T 20002等。除了参考这些编制标准外，智慧博物馆的标准制定仍有其特殊性。本文重点强调如下两点原则。

（一）针对性

与智慧相关的概念最初出现在2008年，万国商业机器公司（IBM）的执行总裁彭明盛提出"智慧地球"概念,其特征为"数字化、网络化、智能化",也有说法为"物联化、互联化、智能化",后来进一步概括为"透彻感知、泛在互联、智能融合"。2010年,IBM又提出了"智慧城市"的概念,智慧的主体从地球变成了城市,但其特点不变。2012年,有专家提出"智慧博物馆"的概念,同时其他与智慧相关的概念也已经遍地开花,如智慧校园、智慧电网等。在国家和政府的大力支持下,智慧城市的标准已经初具规模,能够对未来智慧城市的建设起到规范和引导作用。在2016年和2017年相继发布了《国家新型智慧城市评价指标(2016年版)》《智慧城市技术参考模型》等标准后,2018年12月28日《智慧城市术语》GB/T 37043-2018标准作为智慧城市标准体系中的基础性标准正式公布并实施。《智慧城市公共信息与服务支撑平台第三部分:测试要求》GB/T 36622.3-2018标准也于2019年7月1日起正式实施。相较智慧城市建设来说,智慧博物馆建设的社会关注度不高、研究领域较窄,所以截至目前并没有形成完善的标准体系。虽然智慧博物馆与智慧城市等技术应用上有相似之处,但是其职能属性却是大相径庭。博物馆是征集、收藏、展览和研究代表自然和人类文化遗产实物的场所,其服务职能、业务范围、管理流程均有其特殊性。因此,智慧博物馆建设标准的制定除了借鉴其他成熟标准的通用部分外,要重点关注自身的特色部分,以体现较强的针对性。

(二)适应性

博物馆数量和种类众多,截至2019年年底,全国已备案博物馆达到5535家。从规模来说有大有小,从类型上通常划分为历史类、艺术类、科学与技术类、综合类四种类型。不同规模不同种类的博物馆智慧化建设具有较大的差异性。大型博物馆智慧化建设通常资金投入大,建设内容全,建设要求高。中小型博物馆受限于资金等压力,难以达到大型博物馆同等要求。如果采用刚性的技术指标,会出现评价失效的现象。所以在制定智慧博物馆建设标准的时候,要考虑其适应性,根据不同规模不同类型的博物馆,可以有所侧重,确保标准的适用有效。

二、智慧博物馆参考模型

建设智慧博物馆,必须对博物馆业务流程、应用服务体系、运行保障机制进行梳理,提出智慧博物馆建设需求草案、参考模型、实施方案、标准体系等,打通数据间的壁垒,对现有软硬件进行集成,提升服务体验,提高工作效率。通过对智慧博物馆建设的全面提炼概括,形成智慧博物馆参考模型。智慧博物馆参考模型是整个智慧博物馆标准体系的基础,是对智慧博物馆理论框架的高度概括,是其他标准研制的主要依据之一。智慧博物馆参考模型,主要包括概念模型、系统架构模型,具体介绍如下。

(一)智慧博物馆概念模型

智慧博物馆概念模型综合了应用领域、总体架构和建设周期三个维度,从全局视野概括智慧博物馆建设的主要方面,勾勒出智慧博物馆建设在这三个不同维度之间的关系,定义了各个概念在整个智慧博物馆建设中所处的位置(图5-1)。

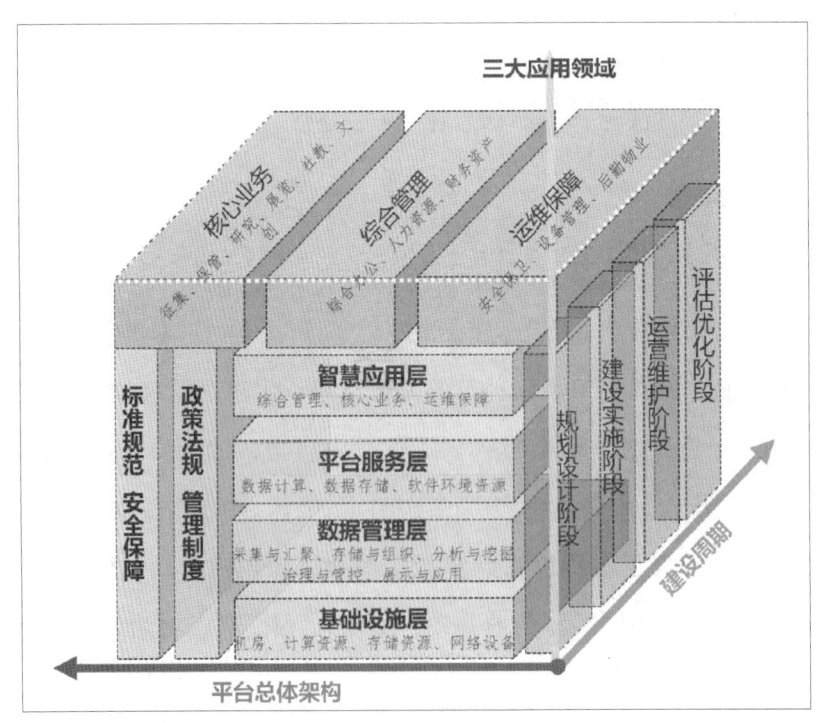

图 5-1 智慧博物馆概念模型

1. 应用领域

智慧博物馆应用领域可以分为核心业务、综合管理、运维保障三大板块。核心业务指以藏品为主线的征集、保管、研究、展览、社教、文创业务。综合管理指博物馆的综合办公、人力资源、财务资产等管理职能。运维保障指博物馆安全保卫、设备管理、后勤物业等，以支撑博物馆业务的持续运行。

2. 总体架构

采用业界主流的"四横两纵"总体架构，应用数据驱动的人工智能技术推进智慧博物馆建设。其中，"四横"是智慧博物馆建设的核心：第一层为基础设施层，主要包括机房、计算资源、存储资源、网络等信息化基础设施；第二层为数据管理层，搭建汇聚各类数据资源的"智慧大脑"；第三层为平台服务层，构建相应的技术支撑平台；第四层为智慧应用层，根据综合管理、核心业务和运维保障三大工作板块，构建融合化和智能化的业务应用体系。"两纵"是智慧博物馆建设的保障，一方面指的是要制定相应的政策法规和管理制度，另一方面要有相应的标准规范和安全保障措施。

3. 建设周期

智慧博物馆建设周期可以分为规划设计、建设实施、运营维护、评估优化四个阶段。实际上，与戴明环（PDCA循环）类似，智慧博物馆建设要经历多次迭代提升的过程，最终实现智慧的目标。

（二）智慧博物馆系统架构模型

将智慧博物馆概念模型的总体架构维度进行扩展细化，形成智慧博物馆系统架构模型，从技术角度对智慧博物馆建设进行规划和实施，可作为技术标准的参考。该模型只是起到指导性作用，各博物馆可以依据此模型进行适当裁减。

智慧博物馆系统架构模型依然遵循"四横两纵"架构。在横向层面，智慧博物馆总体架构由基础设施层、数据管理层、平台服务层和智慧应用层四个技术要素组成；在纵向层面，包括标准规范体系、安全保障体系两个方面的支撑体系。横向四个层级要素分别描述如图5-2所示。

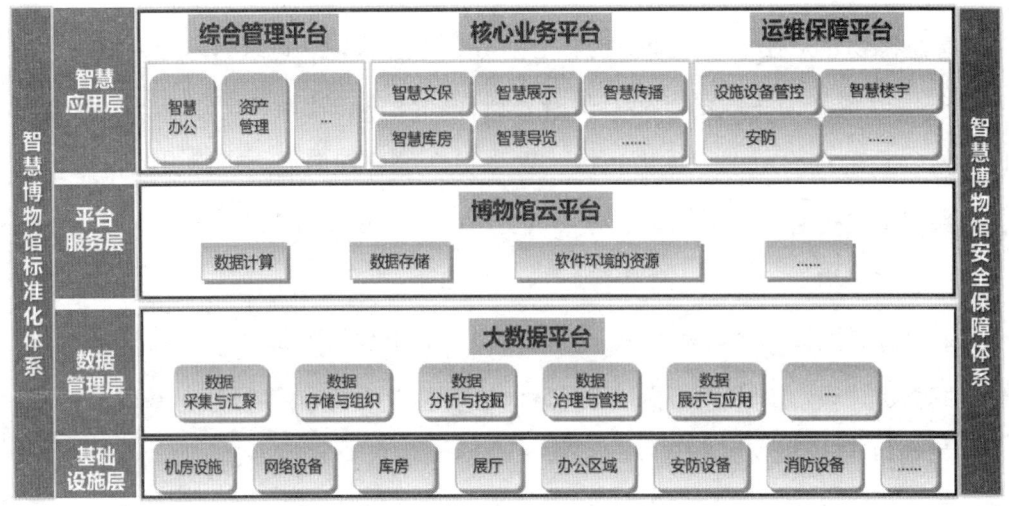

图 5-2 智慧博物馆系统架构模型

1. 横向层面

（1）智慧应用层：是在基础设施层、数据管理层、平台服务层的基础上建立的各种智慧博物馆应用和服务。根据智慧博物馆不同的服务对象和服务内容，博物馆智慧应用可分为三种。其中，综合管理平台主要包括智慧办公、资产管理等，服务于博物馆工作人员，通过优化业务流程，重塑综合管理工作格局，搭建博物馆统一的办公平台和入口，形成人力资源管理服务体系，构建资产财务一体化系统，提高员工日常办公效率，提升各部门之间协同办公能力，支撑高效协同办公。核心业务平台主要包括智慧文保、智慧库房、智慧展示、智慧导览和智慧传播等，以馆藏文物为核心，围绕藏品征集、保管、研究、修复、数字化、展览展示、社教传播、文创开发等业务流程实现闭环动态管理，为多部门业务协同提供便利和保障，对观众行为数据进行分析，提升博物馆管理服务质量和水平。运维保障平台包括博物馆内设施设备管控、安防、智慧楼宇等，利用信息化技术，实现对博物馆内设备、安防、文物、人员信息的全面感知，实现对博物馆日常运维健康状况的感知并对运维中存在的问题及时处理。馆长驾驶舱主要对博物馆内部"人、物、空间"进行全面实时感知，包括文物状态、场馆运行、展览情况、客流状况等，实现对感知数据及时全面的分析，并利用可视化技术，支持管理人员及时决策。

（2）平台服务层：主要为云平台，为智慧博物馆提供数据存储和计算以及相关软件环境资源，保障智慧应用层对于计算能力和数据存储的相关需求。

（3）数据管理层：通过数据融合支撑，承载智慧应用层中的相关应用，提供应用所需的数据资源，为构建上层各类应用服务提供支撑。数据管理层可全面整合现有业务子系统，实时抽取各类数据源中的信息、记录，随时随地监控博物馆相关业务系统及数据处理设备的运行状态，建设一个支撑海量、多源异构数据采集与汇聚、存储与组织、分析与挖掘、治理与管控、展示与应用等的大数据平台，实现数据深度学习以及决策支撑。

（4）基础设施层：主要包括机房、网络、库房、展厅、办公、安防和消防等基础设施。机房基础设施包括机房空调系统、标准机柜、服务器、高速交换机、机房信息安全系统等。网络基础设施包括办公网络、公众无线网络、物联网络、数据中心网络等。库房基础设施包括文物保存环境监测控制系统、RFID库房管理系统等。展厅基础设施包括智能展柜、客流监测统计系统、信息发布系统、导视指引系统、智能卫生间系统、公共广播系统等。办公区域基础设施包括智能门禁系统、会议系统等。

2. 纵向层面

（1）智慧博物馆标准规范体系：支撑智慧博物馆相关项目规划、建设、实施与运维的配套标准，包括数据标准、技术标准、建设标准、运维标准、评估标准等。

（2）智慧博物馆安全保障体系：包括智慧博物馆相关安全机制、安全平台，涉及各横向层次。

三、智慧博物馆标准体系框架

智慧博物馆建设是一个复杂的系统工程，需要一系列的标准，涉及各个环节、方方面面。在完成智慧博物馆参考模型构建的基础上，参照模型的各部分组成内容、技术架构，提出智慧博物馆标准体系框架，并将一系列的标准按照一定的秩序、结构和内部联系组成一个更大的整体，就构成了标准体系。构建标准体系是为了科学有序推进智慧博物馆标准建设工作，合理安排，分步推进，避免重复建设和遗漏。

中国国家博物馆馆长王春法在《关于智慧博物馆建设的若干思考》一文中，将智慧博物馆标准体系分为数据标准、技术标准、建设标准、运维标准、评估标准。当然，还可以从其他多个维度来对标准进行分类。按标准的内容分类可以分为基础通用类标准、关键技术类标准、建设管理类标准。按标准的作用分类可以分为指导类标准、工具类标准、应用类标准。按标准的紧迫性和重要性分类可以分为核心关键急需标准、基础通用标准等。智慧博物馆标准化工作不是从零开始的，可以基于现有的信息技术标准进行合理安排，分步推动。因此，根据上述内容提出的智慧博物馆标准体系框架，包括基础设施建设标准、数据标准、技术应用标准、运维保障标准、评估标准五大类别。

基础设施建设是智慧博物馆建设过程中最基础的部分，也是最重要的核心之一，依托基础设施才能够继续向数据层、平台层、应用层进行逐步建设。博物馆的基础设施建设主要包括机房建设、网络设施建设、移动终端部署建设及基础设施的安全管控等。

数据标准主要包括数据采集标准、数据管理标准、数据传输标准、数据安全标准等。数据采集标准主要是针对藏品数据二维、三维数据的采集标准、音视频采集标准、元数据标准及设备设施的数据采集等；数据管理标准主要是对藏品数据、业务信息数据、观众数据、设备数据的管理，通过对数据进行管理从而实现博物馆大数据平台数据的完整性、有效性、一致性、规范性，推动数据的共享开放，构建统一的数据资产地图，为数据资产管理活动提供参考依据；数据传输标准主要包含数据传输过程中的接口标准；数据安全标准主要包含数据使用安全、数据存储安全、数据备份机制等，博物馆中最重要的数据就是藏品数据及观众数据，因此确保数据的安全性至关重要。

技术应用标准主要是在博物馆智慧化方面以及实现智慧化技术路线方面的应用体现，智慧博物馆建设的技术路线包括"透彻感知""泛在互联""智慧融合""自主学习""迭代提升"，在此技术路线下实现智慧库房、智慧展示、智慧服务及智慧管理。运维保障标准主要用于博物馆日常运维管理，包括智慧博物馆设备、业务系统运维管理、信息安全运维管理、运维人员管理、资产管理等。设备运行管理又可包含基础设备的运维、信息化设备的运维、安防消防设备运维等，通过运维保障可实现智慧博物馆的正常运转，并且及时预警。

评估标准则是对智慧博物馆智慧化程度和运维保障功能的整体评价。利用科学的方法对智慧博物馆建设进行打分及等级划分，可以鼓励先进，鞭策落后，从而推动行业水平整体提升。

四、智慧博物馆评价方法

智慧博物馆评价方法应以智慧博物馆建设需求、建设草案、建设标准、数据标准、技术标准、运维标准为评价基准，以充分体现"透彻感知、泛在互联、智慧融合、自主学习和迭代提升"为原则，结合博物馆实际业务需求，全面评估智慧博物馆建设的智慧化程度，并建立完整的智慧博物馆评价体系及切实可行的评价方法。

在设计智慧博物馆评价方法时应注重体现新时期国家对博物馆智慧化建设的要求，重点关注新一代信息技术在博物馆业务系统建设、综合服务管理、运维保障等各项领域中的广泛应用和效能提升。同时指标的设定应具有易获取、可量化、代表性强、来源可靠等特点，并根据重要程度划分不同的权重比例，同时提出相对应的绩效等级指标评价方法，计算智慧博物馆的智慧化指数，并根据智慧化指数将博物馆的智慧化程度划分。例如指标的种类可以分为能力类指标和成效类指标。能力类指标是指智慧博物馆建设运营的基础能力评价指标，即博物馆运用各种资源建设运营智慧博物馆的基本能力评价指标。成效类指标是指智慧博物馆的建设运营效果评价指标，即博物馆各应用领域智慧化建设运营的成效评价指标。简单来说，智慧博物馆评价方法就是一个打分表，通过量化评估或定性评价可以为智慧博物馆建设的水平和成效打分，根据打分的结果将智慧博物馆建设分为几个等级，例如起步级、成熟级、优化级等。

智慧博物馆评价方法的制定，能够明晰智慧博物馆的建设方向和重点，以评促建、以评促改、标杆引领，引导各博物馆向更加智慧化的方向建设和发展。

智慧博物馆建设标准及评价方法的研制是一个长期而艰巨的任务，可以借鉴智慧城市等其他领域的标准体系，但不能完全照搬，应体现博物馆的特色。根据制定标准的部门和标准适用程度的不同，标准可以分为国际标准、国际性区域标准、国家标准、行业标准、地方标准、企业标准等。不同标准发布周期及标准立项难易程度不同，其中，行业标准和国家标准的立项较为困难且发布周期较长，但是权威性和指导性最强。为保障智慧博物馆建设标准尽快发布，应由博物馆行业领头单位，联合产学研各方力量，广泛吸取各方意见，同时在国家政策和政府的支持下，边建设边制定，逐步推进标准建设工作，指导各博物馆的智慧化建设，使得博物馆更好地发挥其文化传播与社会教育职能，真正实现让文物"活起来"的战略目标。

第二节　智慧管理

博物馆是一个庞大、复杂的系统，如何调节各部门之间的关系，如何有效地组织和管理资源，如何动态调配技术、财力、人力和物力，如何在第一时间处理突发事件，如何对观众进行实时引导等都将影响到其实际运作的效率，关系到博物馆的可持续发展。因此，在智慧博物馆建设中，必须借助新的数据采集、管理和分析技术，优化博物馆管理模式和工作机制，为博物馆决策提供支持，实现智慧化管理。以博物馆中的资源类型作为划分依据，可将智慧管理分为以下几个方面：

一、藏品管理

藏品的智慧管理，体现在自藏品入馆之时开始，所有关于藏品本体状况、藏品本体存储、藏品解读研究、藏品基本保护、藏品展览外借等方面的信息都要进行有效的记录、组织和管理，并能让相关人员在各类与藏品有关的活动中及时掌握藏品的状况等。换句话而言，就是博物馆能够对藏品进行动态监控，跟踪到每一件行为、事件或活动，做到对藏品信息的实时掌握，并可以动态分配和管理相应资源。目前最为常见的方式是将 RFID 应用到藏品管理工作。主要将保存数据的电子标签附着在目标物体的表面，之后访问者可利用阅读器无接触地读取并识别电子标签中所保存的内容。在藏品管理中，即为每件藏品建立 RFID 标签，使其拥有唯一的身份凭证，加之将 RHD 标签与藏品数据库相结合，使管理人员能够实时获取具体藏品的详细信息，包括藏品基本属性信息、研究信息、库存位置信息、在展位置信息等。此外，可将多个标签通过读写器进行关联，如在每一个工作环节中只要使用读写器同时读取藏品标签和工作人员的标签，就可方便快速地将二者进行关联，能够更加清楚地把握环节中的人员分工情况。同时，可基于 RFID 实现门禁自动侦测系统，监测器可及时通知工作人员实时记录藏品出入库情况等，能够更加规范藏品的出入库制度。目前，秦始皇帝陵博物院、南京博物院等已将 RFID 应用于文物管理，将 RFID 标签与文物藏品数据库相结合，使管理人员方便进行文物查询、浏览和统计。同时，南京博物院还将 RFID 技术应用于库房管理，在文物入库前预先录入电子标签，此后文物进出库房，系统会进行自动扫描，并将扫描信息录入计算机，为库房管理提供有效的管理依据和手段。

二、展品监控

展品的监控不仅有利于布展人员实时掌握展品的空间位置变化，同时可以为展品的安防和安保起到很好的支撑作用。展品的监控也可通过 RFID 技术实现。相关工作人员需要在布展时对展品进行原始定位，在展览期间实时监控电子标签发送过来的位置信息，接收器一旦发现展品发生位置上的偏离或是不一致，与 RFID 相连的报警系统会发出警报信号，及时通知工作人员，工作人员依据具体情况采取相应策略。此外，还可以依据展品标签发送过来的信号，进行展品的统计和盘点。

三、博物馆人员工作管理

博物馆人员是博物馆维持日常事务运行的主要执行者,对于工作人员的有效管理、工作业务的动态规划和紧急事件的处理是非常重要的方面。一是可以借助RFID技术建立工作人员门禁考勤系统,为博物馆工作人员每人配置RFID电子标签一张,该标签既是门禁考勤卡,也是通行证件。只要标签处于识读器有效识别范围,则识读器便可自动识别该标签信息。二是利用近场通信（Near Field Communication,NFC）技术为每位工作人员配备一张门禁卡或支持NFC的手机,建立门禁系统。工作人员只需要将门禁卡或手机放在门禁读卡器前,就可被认证。门禁系统若判定信息为有效,则通知管理系统自动记录考勤信息,若判定为无效,则启动报警装置。此外,检测系统也可以通过红外探测等检测到非法入侵,并发出报警信息。基于证件卡、门禁卡等使用的进一步延伸,博物馆管理人员可以掌握工作人员的活动情况,及时了解其活动时间、活动位置和活动空间范围等。以工作人员的这些活动信息为基础,借助博物馆内的有线、无线通信系统,以及包括藏品资源库、主题知识库在内的各类资源库和相应的信息系统,可以建立工作人员的协同作业平台,将藏品信息、展品信息、展览信息与各方面工作联系起来,使博物馆内部各业务模块能有效而及时地围绕着藏品/展品等直接相关物件开展协同工作,扁平化信息流程、全局化工作视野。在协同工作中,每一位博物馆工作人员能够及时了解自身所处的位置,了解总体业务流发展动态和现状,实时调整自己的业务进度和信息产出情况以更好地配合其他环节整体性发展。在整个工作流程中,工作人员彼此互通,资源按需动态分配,工作脉络清晰,下可延展,上可回溯,阶段任务清晰,人员责任明确。当出现问题或差错时,可找到相应的环节,对应具体的责任人或执行者。当发生突发事件时,可在第一时间做出响应,动态调配人力、财力和物力等,控制或引导事情的发展,将损失减少到最低程度。

四、观众参观行为管理

观众的参观人数、流量分布、行进路线、速度、停留等情况可以反映出其对展览、展品的态度、想法如何。传统博物馆难以获取观众参观行为数据，因此很难第一时间掌握观众的参观情况。智慧博物馆一方面可以利用射频识别技术，另一方面也可以使用视频跟踪和识别技术等对参观者进行无干扰的检测，通过合理部署传感节点，收集参观者自入馆之后的行动轨迹、参观路线、停留区域、停留时间、速率变换、往返次数等数据。这些数据通过馆内局域网或无线网等传输到后台处理中心，由计算处理平台进行数据的统计和分析。数据处理平台在基本数据分析的基础上，可进一步使用贝叶斯网络、神经网络等工具进行数据关联分析，寻求监测数据的合理解释，深入挖掘观众行为数据间可能存在的逻辑关系，以供博物馆工作人员参考。通过检测系统的反馈，在总体参观方面，博物馆工作人员可以实时掌握馆内观众保有量、出入口流量信息，如遇到突发事件，可以第一时间做出响应，给出疏导方案。此外，博物馆工作人员根据客流变化的趋势，可以动态调配人力、物力资源，根据观众流量分布，合理安排参观路线，以保证参观的秩序。在个体参观方面，博物馆工作人员可以详细了解观众在每个展项或展品前的停留时间，从而进一步了解观众最为喜欢的展项或展品是哪个（件）；可以了解观众不同展厅的时间分配情况，从而进一步了解观众更为关注的主题是什么；可以了解观众的参观路线，从而进一步分析与所设定的参观路线发生出入的原因，以便发现潜在的问题并进行及时调整；可以掌握观众操作互动装置的时间、步骤等，从而进一步分析操作说明书的易读性如何、互动装置设计的可操作性如何等。苏州博物馆、陕西历史博物馆等已开始建设较为完善的观众行为管理。

五、财务动态管理

财务动态管理是博物馆非常重要的方面，实际操作中往往出现规章遵循不严，变化反应滞后，资产被随意侵占、闲置或浪费等情况。智慧博物馆构建了物、人、数据之间的互通，在博物馆各部门之间搭建了多渠道、多方式联动平台，为财务动态化、智能化管理奠定了基础。博物馆的财务管理系统与综合业务管理系统相结合可使管理者对于资金流的动态跟踪和检测、固定资产的内部控制更加方便，可以及时掌握各环节流动资产的变化、固定资产的状况，并完成流动资金的清理和审查，对资产的使用进行合理配置。大数据和云计算平台可以更加有效地揭示博物馆财务活动的规律、更加准确和客观地分析预算执行情况，并能可靠地为进一步的财务支出进行科学预测，为财务管理者提供决策依据，提高博物馆的财务分析管理水平。

第三节　智慧保护

藏品的有效保护是博物馆一直以来特别关注的问题，藏品在材料、工艺、现存状况等方面的差异性也决定了藏品所需要的存放环境、保护方式、保护材料和技术等的差异性，这些给具体保护工作带来了挑战。此外，藏品在博物馆展览、研究等过程中与人、环境和其他物体的接触又为保护工作带来了更多不可控的风险。智慧博物馆建设中的一个重要内容就是更好地解决藏品保护问题，借助物联网技术等实现一个保护力度更大、保护范围更广、保护效度更高的方案。具体到智慧保护的方面，可以分为以下几点。

一、藏品的本体监测

藏品保护的原则是保存其原状，涉及其造型、纹饰、铭文、色彩、质地、质感等方面的原状。因此，如果博物馆文保人员能及时掌握藏品本体在各方面的现状和变化，能了解其变化趋势并做出预判和决策，将对藏品保护起到关键性的作用。智慧博物馆可以将各种无损检测设备或仪器等接入物联网，对文物本体进行实时监测，获取其结构、形状、颜色、附着颗粒等实时数据，并进一步采集裂隙形变、翘曲、褪色、变色、位移等微变化信息，将数值、文字、符号、图表、照片、视频等承载的信息传输到监控中心，监控中心对数据进行汇集和整理后交与计算、处理中心，由其负责进行智能分析、挖掘其有用的内容，利用回归平面分析、曲线拟合、云模型等方法，结合形变监测模型，对形变过程进行描述，识别藏品形态的差异，掌握藏品正在发生的破坏性变化，并建立模型预测其未来的变化趋势，包括速度、方向、水平、大小等。通过图表、图像、三维模型等可视化其结果，决策中心会对结果进行判断，并根据现实情况给出解决方案。这样一套完整的涉及藏品监测、分析、处理和决策的系统，可以真正实现中国博物馆协会理事长宋新潮所提到的"风险可识别、险情可处理、效果可评价"的预防性保护目标。秦始皇陵博物院已实施了文物本体检测系统，主要对文物本体的温度、湿度、裂隙形变、微震动、位移等微变化参数进行长期实时的监测与预警。

二、藏品/展品的外环境调控

保存环境是影响藏品/展品状况的直接因素，然而由于环境的复杂性和包含因素的多样性，加之时间和空间的限制，传统方法难以确切获得关于环境完整、系统化的信息。此外，环境数据的多模态性和多维性，也使得数据的保存、处理成为难以解决的问题。智慧博物馆可以充分发挥优势弥补传统方法的不足。应用物联网技术实现博物馆中库房、展厅环境的实时检测，在相应的监测区域设置环境专用传感器，采集温度、湿度、气压、二氧化碳、烟感、倾角、噪声、空气质量、光照等方面的数据。并将采集到的数据实时地传送给监控终端，由监控终端进行存储和预处理，随后交由分析处理平台，由其进行具体计算和分析，进行评估和预警，对于超出正常范围的情况发出报警信号，实施智能处理，如控制博物馆电力系统、暖通系统、照明系统等，将超标的环境因素调控到相对稳定的状态。检测系统的部署对环境本身的影响小，不会影响到藏品或展品本身。此外，专用传感器网络中的每个节点都具有实时定位、采集和报警的能力，既可以对整体环境进行检测和调控，也可对局部环境进行重点防范和控制。基于大数据和云计算的支撑，环境检测的积累数据可以得到有效的存储、管理、处理、计算和解释，并可进一步挖掘出潜在信息。金沙遗址博物馆已在陈列馆第三、四展厅设置了环境检测系统,能够对大气温湿度、二氧化碳、光照紫外线、有机挥发物等进行检测,系统能够及时、迅速地解读数据,并进行自动预警。秦始皇陵博物院则在秦兵马俑陪葬坑、文物库房、综合陈列楼、修复室部署了环境监测传感器,实现了文物保存环境的整体检测。

三、遗址环境检测

对于遗址类博物馆而言,其藏品和展品主要是遗址本身,涉及聚落、城址、宫室、陵寝墓葬等。增强遗址自身抵抗外在环境破坏的能力,维持或改善遗址的保存环境将对遗址的长久保存起到积极的作用。由于遗址的空间复杂、结构多样、覆盖范围广等特点,传统方法主要是依靠遗址工作人员手工测量、计算,工作量庞大,实时性差,难以对其环境进行全方位、多层次、多类型的检测,难以对海量数据进行融合分析,数据缺失严重,缺乏科学性和智能性,从而使得保护人员不能及时发现问题,制订出全面有效的整治方案。而智慧博物馆可以综合利用传感器、射频识别器、全球定位系统、红外感应器、激光扫描仪、气体感应器等各种装置与设备,对遗址的气象环境(大气压、风速、风向、降雨量、温湿度等)、土壤环境(土壤温度、土壤湿度、含水情况、土壤孔隙率与结构等)、水体环境(水温、pH值、溶解氧、氟化物、氰化物、硫化物、氨氮、总氮、总磷等)、空气质量(二氧化碳浓度、光照度、紫外线辐射强度、浮尘、总挥发性、有害气体含量等)进行实时监测。基于这些装置和设备所构建的无线智能检测系统,可以实现对遗址环境信息采集的自组织传输和智能控制,可对环境中各节点自动组网和多跳路由,实现全方位、全时空、全天候的环境检测。系统根据检测数据的类型,建立相应气象环境数据库、土壤环境数据库、水体环境数据库、空气质量数据库、综合环境数据库等。这些数据库不仅能够提供各类环境的历史变化信息,同时可为环境变化模型的建立提供有力的支持,并可进一步为环境的未来变化做预测。保护人员可以依据数据计算、分析的结果探索环境的静、动态因素对遗址保护的作用,从不同层次阐明遗址生存的机理,需找遗址生存环境优化的机制,并进行保护决策,或是限制客流量降低二氧化碳浓度,或是减少土壤含水量以坚固基底,或是增加周边环境的植被,削弱风沙的影响等。这些针对性强、作用直接的措施为遗址整体环境的改善和维系提供了有效的实现途径。敦煌莫高窟已建立了涵盖莫高窟大环境、洞窟微环境的检测系统。敦煌研究院在60多个洞窟安装了200多个传感器,包括温湿度、CO_2监测设备、崖体内部温湿度、崖体裂隙、壁画病害等传感器。山顶和窟区布置气象站和风沙监测站,窟区安装空气监测站。检测系统不仅为敦煌莫高窟的风险评估预警提供监测数据,而且为遗址的预防性保护提供了依据。秦始皇陵博物院利用综合传感器、视频图像以及无线射频等物联网相关技术,在3个秦兵马俑陪葬坑以及面山园部分遗址部署了环境监测传感器,实现了对遗址的远程、大范围的监测。检测对象包括遗址区的温湿度、颗粒物、有害气体、光照、紫外线强度等环境要素。

第四节 智慧服务

为社会服务,即为社会公众服务是博物馆的宗旨。服务公众的质量将直接影响到来馆参观或访问博物馆网站的观众数量,关系到博物馆的自身生存与发展。因此,如何提升公众的服务水平、丰富服务内容是博物馆重点关注的问题。智慧博物馆以公众需求为出发点,考虑到公众在服务内容、表现形式、获取途径等多方面的差异,能更好地提供内容丰富、层次多样、形式灵活、方便获取的智能化、人性化服务。在智慧服务的氛围中,公众能够与博物馆、与藏品充分交流与互动,形成彼此之间的高度融合。智慧服务将有效提升博物馆的服务效率和水平,增强博物馆的生命力。对智慧服务的体现方面进行梳理,可归结为以下几点。

一、与社会的全方位互联互通

博物馆与社会的融合需要在博物馆与公众之间建立多模式的信息通道,即在传统媒体、数字媒体上互通互联。能够让公众通过电视、手机、计算机、平板电脑等设备随时随地地获取博物馆的相关内容。智慧博物馆所依托的技术基础正好满足以上互通互联的基本需求。随着电信网、广播电视网、互联网在向宽带通信网、数字电视网、下一代互联网演进过程中逐渐出现了技术功能趋于一致、业务范围趋于相同的趋势。在这种趋势下，三网联合为公众提供多样化、多媒体化、个性化的服务目标正在实现。借此，博物馆的信息可以步入企业、社区、学校、家庭，出现在电视、个人台式机、笔记本、智能手机、平板电脑等移动终端，可随时随地被公众所获取、观看或访问。公众还可进一步与博物馆产生互动，在线留言、发表评论、参与论坛、点播讲座、搜索资料等，不再受到空间、时间或身体状况、经济条件等的限制。这种博物馆与社会全方位互联互通的模式不仅增强了博物馆的开放性、提升了博物馆的宣传力度，扩大了博物馆的影响力，而且提高了博物馆资源的利用率，促进了博物馆与其他行业的交流和合作。

二、充当知识中心

博物馆与社会的互通和互联，进一步促进了博物馆与公众之间的信息双向流动。公众参观或访问博物馆的需求更加趋于多样化，或是为了欣赏展品，或是为了了解特定领域的信息，或是为了获取设计灵感，或是为了完成报告获取文物保护内容等。这些需求不仅涉及博物馆的藏品信息、研究信息和保护信息，还涉及教育活动信息等。因此博物馆需要对馆内各类资源进行领域知识的抽取和整合，形成一个庞大的知识库来应对不同公众的诉求。同时，一方面博物馆通过互联网、移动互联网等加强馆际的资源、信息共享，进行二次知识挖掘；另一方面博物馆也将系统外的知识进行整合，如同维基百科开放编辑、谷歌地球元素标注的方式一样来丰富自身知识体系。这些变化，使得博物馆正逐步发展成为重要的知识中心，充分践行博物馆为社会及其发展服务的目标。

三、提供智能化导览

借助物联网、移动互联网等，观众可以利用A类设备或智能终端获得智能导览服务。该导览具有智能化、人性化和个性化的特点，可以为观众提供文字、图像、声音和视频等内容，与基于地理位置的即时信息推送服务相结合，为观众在博物馆中进行自主探索和实践开拓了一条全新的道路。在智能化导览实践中，智能手机和平板电脑是最常使用的导览平台，针对其所开发的各种导览类应用软件应运而生。软硬件所构建的导览系统可以让观众借助自带移动设备通过 NFC 标签、RFID 标签、二维码等自动获取关于展厅、展品和设施等各方面的信息。这些信息主要有：

（1）空间布局信息：获得关于场馆、展厅的空间布局，以及不同展项之间的空间关系等信息。这些信息通常以平面地图或是立体三维结构图来显示。

（2）空间位置信息：获得关于具体展厅、展项、展品以及场馆基础设施或设备的位置信息。这些信息通常以图例标示的形式显示。

（3）路径信息：获得关于博物馆根据观众参观需求而推荐的参观路径信息、观众自我规划的参观路径信息，以及观众从当前位置出发到达下一个定点位置的推荐路径信息等。这些信息通常以图例标示的形式显示。

（4）参观情况：获得观众已参观展项或展品的数量、已经形成的路径信息，参观所用的时间等，未参观或疏漏掉的展品数量、位置等。这些信息通常以文字、列表、图例标示的形式显示。

（5）解读信息：获得关于某个展项或展品的解读信息以及背景资料等，涉及文字、图像、声音、视频、三维模型和动画等多种形式。

除此之外，观众还可以通过微博、微信、博客等新媒体发表自己的即时感想、分享自己的参观心得、发布照片等。这种智能化导览服务充分体现了以"人"为本的服务理念，使得观众的自主性和自由性得到了很好的发挥。

四、增强参观体验

基于传感技术、移动互联技术及虚拟现实、增强现实技术提升观众的参观体验。观众参观体验不再局限于传统的场馆内的展品实物、解说牌、图文版、多媒体解说装置等，而是可以根据自身需求进行自助式的内容扩充和形式选择，实现听觉、视觉、触觉、运动觉得多通道的感知，获得真正交互式、沉浸式的体验。具体可以从以下几个方面来增强观众的参观体验。

（1）展览内容的扩充：借助互联网、移动互联网，可以向观众的自带设备，笔记本、智能手机、平板电脑等推送更多的展览内容，既包括往期实体馆展览内容的再现，也包括各类线上专题展等。观众不再受到实体馆场地大小、开放时间等的限制，可以接触到更多的展览。

（2）展品信息的定制：不同的观众对于展品的信息有着不同的侧重和偏好。博物馆借助庞大的藏品信息资源库以及移动通信技术，可以为观众提供定制化的展品信息。观众通过各类智能终端输入关于展品的内容要求、展示形式要求等，系统会有针对性地提供定制化结果。同时观众也可以在虚拟参观或在线浏览展品的过程中随机确定要进一步浏览或了解的对象，系统会对此及时做出响应，实时推送更为深入、详细的展品内容。

（3）展示形式的丰富：除实物、文字、图像、声音、视频及动画的展示之外，虚拟现实和增强现实可以创造更为生动、形象、逼真的展示空间，其交互性进一步提升了观众的体验感。虚拟现实营造的是一个完全虚拟的世界，公众可以通过网络、通过手机 App 浏览或访问虚拟现实场景，可在场馆内漫游、随意拉进或旋转展品、参与虚拟互动游戏等。增强现实则将虚拟世界叠加到现实世界中，具有多层次信息的展示能力。观众可以借助平板电脑、智能手机等便携智能终端以及头盔式显示器、智能眼镜等可穿戴设备，获取关于实物对象的延展信息，如挖掘过程的视频、遗址复原后的场景、某一加工流程再现等。由于增强现实技术可以把不同的时间、空间的景象汇集到一个视觉系统中，所以它可以给观众带来时空穿越的体验感。

（4）体验的分享与交流：利用移动互联网，观众通过自带的平板电脑、智能手机、智能眼镜等在博物馆网站、各类社交媒体平台上发表自己的参观感想、对某一件文物的印象、对展览的总体评价等，分享自己拍摄的照片、录制的语音和视频等资料，并可在线提问、发起一个讨论话题、征集相关展品信息等。通过这样的方式，观众在参观的同时可以与馆内外的不同人士进行交流。他们可能是博物馆的策展人员、文物保护专家、馆长或保洁人员，可能是普通的文物爱好者、摄影爱好者、一般的游客等，也可能是考古或文保单位的研究人员、高校教师、文物鉴定专家等。他们通过互联网，借助各类互联设备与观众的参观联系在一起。

五、丰富和提升各类衍生服务

博物馆是一个公共空间，公众到博物馆不仅是为了参观展览、欣赏藏品或参加活动，也是为了休闲娱乐和购买特定的书籍、纪念品等。咖啡厅、儿童活动园地、书吧、纪念品商店甚至是餐厅都可能成为吸引观众再次来馆的亮点。智慧化的服务，不仅可以通过RFID、Wi-Fi、蓝牙检测等形式捕获到观众实际在馆的活动情况，而且可以具体分析其各点停留时间及时间分配情况，从而了解有关观众的偏好和兴趣点，配合其他问卷、访谈等调查资料，来明确获取观众为什么喜欢/不喜欢某一场所、活动或对象的原因，以进一步更新设施、改善环境、提高服务水平。除对馆内服务进行智慧化提升之外，馆外服务也可以得到智慧化的改善。这些服务具体涉及以下几个方面：

（1）电子商务服务：博物馆可以将自己的门票、各类文创产品、出版的馆刊、书籍、图录、文献资料、录制的讲座光盘等通过第三方电子商务平台，如淘宝、京东、亚马逊等进行销售，也可以通过自己的博物馆网站进行出售，方便公众浏览和购买。这种模式既为公众提供了更为便捷的购买渠道，也扩大了博物馆的宣传面、激发了公众对博物馆的参观兴趣。

（2）旅游服务扩展：整合博物馆的资源，与区域旅游相结合，打造以博物馆游为主要活动的各类旅游产品，与各类旅游网站，如去哪儿、途牛等旅游网相结合，以博物馆类型、年代、人物、文物类别等为主题，组织各类专题游项目，从旅游天数、人数规划、人群类型（情侣、亲子家庭、团队等）、经费预算等方面进行组织和规划，为各类旅游人群提供个性化的订制。此外，围绕博物馆旅游，旅游网站也提供多样化的信息，解决观众的一些实际问题，如怎么去博物馆？周围有什么好吃的？当天天气如何？有什么特别展览？还可以顺便去哪里转转？卖什么样的纪念品？

（3）专题服务拓展：博物馆是一个庞大的资源库，如何充分发挥其作用更好地为社会各行各业的用户服务，充分挖掘藏品价值，提高博物馆藏品的利用度是非常关键的问题。借助互联网、物联网、云计算等,将博物馆与其他行业相结合,如与设计类网站、摄影类网站、工艺制作类网站、教育类网站等进行合作,在扩展各自业务的同时实现共同发展。博物馆为专业网站提供设计素材、灵感来源、专业知识和教学资源等,专业网站为博物馆及其藏品进行介绍和宣传、将其藏品价值进行深层次的分类挖掘并进行转换和再利用,为博物馆增添新的展示形式,拓展藏品展示空间,增强博物馆活力,引起更多人的参观兴趣。

第五节 智慧传播

传播作为博物馆的重要功能之一,一直受到业界的高度重视。2007年8月通过的《国际博物馆协会章程》将博物馆定义为:"一个为社会及其发展服务的、向公众开放的非营利性常设机构,为教育、研究、欣赏的目的征集、保护、研究、传播并展出人类及人类环境的物质及非物质遗产。"业界关于新的博物馆定义的讨论,依然十分关注博物馆的传播功能。例如,法国向国际博物馆协会(ICOM)的提案认为博物馆的使命是以民主和参与的方式传播博物馆遗产和博物馆所在社会的记忆。德国提案认为,博物馆为人们提供经验、传播知识、连接历史、引发对话。在传播现象层面,伴随着5G移动通信、云计算、大数据、人工智能和虚拟技术的兴起、发展和应用,博物馆传播领域凸显了技术变革和学科交叉的重要性。进入新时代,博物馆文化传播体系从传统的以博物馆藏品、展览、主题活动为主要内容,大众传播为媒对观众单向输出,向现实或虚拟博物馆中物、人、信息等多元包容动态交互的新形态转变,呈现传播内容竞流、传播手段融合、传播路径辟新、时空视阈拓展、触达广泛受众、加速向数字型与智慧型演化的显著趋势。

一、博物馆智慧传播现状

智慧传播概念并非缘起于博物馆,但具有媒介属性的博物馆亦无法置身信息化、数字化、智慧化三种浪潮之外。从开设网站到举办网上展馆,从虚拟展厅到无实体云端沉浸式体验,各地各类的探索不一、进程不同、特色各异,但整体而言博物馆文化传播目前处于智慧化开启、三化(信息化、数字化、智慧化)交织的演进状态。

(一)博物馆传播三化演进大致呈三个阶段

安娜·路易莎·桑切斯·劳斯女士认为,过去几十年见证了博物馆在使用网络过程中的一系列改变和扩张。目前博物馆正在尝试通过移动技术将实体与数字相结合,不断地发掘不计其数的公众接触与公众参与的新形式。1994年,英国见证了由伦敦自然博物馆管理运营的第一个国家网上博物馆的诞生。

博物馆传播三化演进大致呈三个阶段。第一阶段20世纪末,中外博物馆陆续触网,通过自建网站来扩大社教传播和市场营销的覆盖面。第二阶段2001年至2017年,博物馆开始数字化进程,并逐渐成为行业共识,越来越多的博物馆关注藏品数字采集与展示。随着智能手机和4G移动互联的普及,博物馆新媒体传播从单纯运营官网向官方微博、微信、客户端融合发展,手机小屏为公众提供开放时间、藏品、展览和教育活动咨询。其即时性和便捷度增强,进一步提高了博物馆的传播能力。第三阶段进入新时代,伴随大数据、人工智能和虚拟现实技术的发展,智慧城市、智慧校园、智慧图书馆、智慧博物馆等建设纷纷提速。智慧传播是智慧博物馆的重要功能和不可或缺的组成部分。博物馆开启智慧传播的一个重要标志是云展览的诞生和博物馆作为整体在虚拟空间的发展。

近年来中外博物馆有不少举办网上展览的探索与实践。2018年11月,"伟大的变革——庆祝改革开放40周年大型展览"在中国国家博物馆(以下简称国博)开幕,4个多月展期内共吸引423万人次观众现场参观。为延长展览"生命",国博委托央视网采用360°全景和3D模型技术,运用多媒体互动叠加图文、音视频等多种形式,打造同题网上展馆,云端再现改革开放40年来的巨大成就和时代变迁。网上展览上线4个月,点击量突破4亿次,成为迄今为止线上参观人次最多的网上展览,且在实体展闭幕后永不落幕。

（二）云展云游：博物馆魅力云端显现

为丰富人民群众精神文化生活，文化和旅游部调集、整合数字文化资源，通过一体化门户网站升级推出在线公共文化服务。全国博物馆纷纷响应，通过网上展览、虚拟展厅、数字博物馆、在线直播等方式，多元扩充线上数字化的文化供给品类，持续向公众推送文化产品。

"全景故宫""全景兵马俑"等一批数字全景展厅项目让观众在线游览文化遗产地。敦煌研究院与腾讯等共同打造微信小程序"云游敦煌"。网民通过手机小程序观赏莫高窟千年壁画，对感兴趣的洞窟手动标记，方便日后参观。国博盘活文物数字资源打造云端国博，为公众提供好展、好课、好文物等丰富的在线文化服务。《国博邀您云看展》推出60余个展览专题、40余个虚拟展厅、50多部优质短视频，微博话题阅读量突破1.6亿。《人民日报》头条文章《不负春光复工忙》关注到国博网络直播让后母戊青铜方鼎、大盂鼎、四羊方尊、金缕玉衣等文物精品一一与网友见面。

云展云游等公众与博物馆交互的新模式正在为文旅产业提供全新增长点。这种智慧传播新模式引导公众在云端领略文物中蕴含的深沉大美，激发观众对文物的热爱，增强人们对中华优秀传统文化的自信。在此过程中，文博机构的使命担当在非常时刻得以彰显，博物馆的文化共享价值得以提升。

（三）新交谈新体验：云端智慧传播无处不在随时在线

从互联到移动互联，再到智慧互联，随着互联网技术和移动终端设备的飞速进步和升级迭代，传统的展览时空前提被打破，博物馆公众的范围扩大，博物馆与公众对话交互方式深刻变革。

著名传播学者詹姆斯·W.凯瑞所认为，生命是不同情境下一场场的交谈，传播和交谈意味着塑造、了解和判断。文化交往不是单向的过程，它包含了合作、交谈、仪式化分享或互动。"现代传播技术极大地改变了人们的经验与意识的日常用语、兴趣与感觉的日常构成、人们通常对活着和所处社会关系的感知。"

作为重要的文化机构，博物馆不应也不能低估公众个体和公共机构文化互动层面。实际上，博物馆正从高冷的殿堂，变成越来越亲民的交谈者和超级链接。

复旦大学周葆华教授将这种智慧传播超级链接新的生活方式的特征提炼为不再是在特定时间和空间内，而是永远在线、永远连接。

博物馆智慧传播的实践刚刚起步，相关研究具有多学科交叉属性，近年有一些论文发表，但学术专著尚不多见。有观点认为，智慧化博物馆打破了传统博物馆文物与人的距离，通过新型的信息技术将传统博物馆无法解决的几个问题一一化解，打破僵局，使文物与人的关系更加接近，并且建立了立体网状的信息交互结构。亦有博物馆管理者将智慧传播释义为"越来越多的博物馆通过虚拟展厅、专题网站、主题资源库、云展览、云讲座等内容发布平台，做大做强云端内容，推进各项研究成果、展览、文物的云端呈现，让观众在线获得超越文本、超越实体、超越现实的参观体验"。

伴随信息化和数字化进程，在新媒体新技术变革下，博物馆文化传播日益智能化，借助线上线下融合渠道可以更广泛更生动地触达受众。在智慧互联时代，观众的参与性和体验性变得更加重要，云展云游、智能推送、远程交互等助力博物馆文化传播突破展期、馆舍的时空限制，传播的广度大幅提升，传播内容更为丰富，传播形式更加多元。

二、国博云端智慧传播探索与实践

（一）组建新闻传播处

云端国博网微端融合发展博物馆智慧传播是一项系统工程，正确的传播理念、周密的统筹规划、新颖的主题策划和内容生产、生动的传播形式和有效的传播渠道等因素相互作用、相辅相成。为更好地履行弘扬中华民族优秀传统文化、革命文化和社会主义先进文化的重要职责，树立国家最高历史文化殿堂和国家文化客厅形象，国博于2018年组建新闻传播处，对国博传播工作统筹规划、对国博形象进行整体塑造提升，对重大主题策划进行组织协调，优化对外新闻发布和推动高端合作。秉持移动优先策略，国博近年来加大了数字化智慧化建设步伐，开展了虚拟展厅、网络直播、全媒体融合传播等系列实践，积累了初步经验。全新改版的国博官网上线，在2020年年初文化和旅游部网站群监测中以

96.2的总分名列直属单位第一。目前，国博官方微博粉丝数突破500万，官方微信关注数达到187万，增幅加速（近两年分别有59.9%和121%的增长）并居于行业头部。在人民号、头条号、学习强国上运营的国博账号累计发文1200余篇。2020年4月，改版后的国博英文网站上线，同年7月设立并持续运营全国5000多个博物馆中唯一的英文微信，初步形成云端国博网、端、微多媒体融合发展格局。

（二）国博云端智慧传播两个典型案例

2020年，国博把线上展示传播作为新阵地主战场，积极探索智慧传播新样态，组织策划并从大年初一开始连续推出《国博邀您云看展》《国博珍藏云欣赏》《国博好课》等多个栏目，为观众送去优质展览、三维珍品、虚拟展厅、金牌讲解等高质量的精神文化产品。纵观全年，"永远的东方红"无实体云展览和"手拉手：我们与你同在"全球博物馆珍藏展示在线接力两个传播项目较为典型，传播力较为突出，受到行业关注和公众好评。

1. "永远的东方红"无实体云展览5G开幕直播云导览

2020年4月24日是中国航天日。国博与中国空间技术研究院共同推出"永远的东方红——纪念'东方红一号'卫星成功发射五十周年"云展览及5G开幕直播和云导览。在传播内容上注重以形铸魂，通过四个单元回顾卫星研制历程，彰显航天精神内涵。云展览设计响应主题，采用独特的卫星造型，"精神的力量"单元在内环展示，其他三个单元依序在外环环绕，凸显中国空间事业发展取得巨大成就归根结底在于航天精神的引领。

有别于把线下展数字化后搬到网上的传统模式，本次云展览有以下三个特点。一是传播手段上求融。首次在本馆没有实体展览、完全在虚拟世界云策展云布展。8个热点展现了中国太空探索的多个珍贵镜头；卫星、火箭、手摇计算机等10余件展品的3D模型供观众720°观览互动；H5小程序邀网友在五线谱上奏响《东方红》，穿上航天服与"东方红一号"合影留念。二是技术支撑求适、传播渠道求广。除利用三维建模、全景漫游等数字技术外，首次在5G技术支撑下携手《人民日报》、央视频、光明网、快手和咪咕等9家平台20多个端口同步对开幕式和专家导览进行直播。邀请到85岁高龄的"东方红一号"卫星总体组成员胡其正作为嘉宾现身直播间,与网友分享当年的故事。中国空间技术研究院研究员庞之浩和国博讲解员赵梦阳为观众带来直播导览。三是传播效果上内外联动、全程全效。90分钟直播吸引1780万网民进入直播间。国博"中央厨房"传播矩阵全程传播分类推送,原创微博阅读量314万,带动媒体纷纷对本次云展览关注和跟踪报道。人民网为开幕直播设计了预告海报,并在人民网首页、文化频道头条焦点图多次重点发文《直播预告150岁生日快乐!"永远的东方红"云展览将启幕》。央视网发布多篇图文、视频报道,对云展览进行预告、直播、点播回看。《科技日报》评论认为,国博"永远的东方红"从筹备到展出均在云端进行,策划团队云策展,观众云观展,充分发挥了数字技术优势,让不在一处的展品汇聚一堂,让不在一处的人们同步观展,把"不可能"变为"可能"。网友评价国博率先运用5G技术,直播形式好,无实体虚拟云展览引领博物馆进入新纪元。

2. 全球五大洲馆长在线接力展示珍藏累计吸引2亿观众关注

在全球博物馆守望相助之际,国博发起全球博物馆珍藏展示在线接力活动,主题为"手拉手:我们与你同在"。中方倡议得到诸多具有国际影响力的博物馆馆长的积极响应和热情参与。2020年9月6—14日,包括不列颠博物院(大英博物馆)、俄罗斯国家历史博物馆、澳大利亚国家博物馆等在内16位顶级博物馆的馆长在线介绍各馆特色和馆藏珍品,以直播接力的方式带领中外观众走进文化宝库,在云端共享人类文明精髓。此次活动覆盖广、规格高、文物精、技术新、触达深。

作为活动倡议方和在线接力"第一棒",2020年9月6日国博专场直播中,馆长王春法为全球观众讲述陶鹰鼎、伏羲女娲像立幅、针灸铜人等5件馆藏珍品。8K拍摄、制作,大屏呈现文物细节,AR、动画,全程5G直播带给观众沉浸体验。9月7—14日,每天推出两家博物馆专场,内容包括国博馆长与外方馆长的跨国视频对话和外方馆长讲解本馆精品典藏。9月14日晚,多边视频会议的形式实现"大团圆"。活动一共持续9天,20余家平台参与直播,累计吸引约2亿中外观众在线"追剧",微博话题阅读量1.9亿,登上微博热搜榜。该活动得到了媒体的广泛聚焦,中文、英文、俄文、西班牙文、阿拉伯文等多语种原发报道500余篇,扩大了活动影响力。

新华社发表时评认为,这是博物馆文化交流与传播的精彩案例。中国国家博物馆倡导的全球在线接力,坚持团结合作,携手面向未来的精神之美。参与本次活动的馆长和驻外使节亦对本次活动成功举办的积极意义予以肯定。澳大利亚国家博物馆馆长马修·特林卡表示,博物馆对于世界的价值从未像现在这样体现得淋漓尽致。时任驻英国大使刘晓明通过推特发表评论:"非常高兴看到费舍尔馆长参与中国国家博物馆发起的全球博物馆珍藏在线接力活动,在必须保持社交距离的特殊时期,我们比以往任何时候都更需要通过文化保持联系。"

博物馆国际接力传播活动通过网络平台向世界展示了博物馆的文化魅力,让全球观众在线感受国家之间文化联系及交流的力量。国博倡议和组织的这种博物馆在线接力传播模式为国际交流和智慧传播提供新的思路。

(三)"十四五"时期国博对智

国博开展"1+N"即一个总体规划和若干个专题规划的战略研究,包括传播专项战略研究。在战略研究基础上组织起草全馆"十四五"规划和中长期发展规划。

文化因传播传承而璀璨繁荣。传播专项战略研究课题组在调研分析基础上,明确了分两步走实现到2035年建成世界一流传播中心的发展目标。国博将坚定不移深入推进文化与科技融合,建立以内容建设为根本、先进技术为支撑、创新管理为保障、小核心大外围的国博全媒体智慧传播体系。

规划确定了对实现目标具有牵引性和带动性的重点工程与项目:馆藏文物活化工程、国博形象塑造提升专项。前者将积极探索文物活化新模式新途径,建设馆藏文物活化实验室,努力让更多馆藏文物走出库房、走上展线、融入网络;建设高水平云展平台,充分利用新媒体新技术阐释、传播馆藏文物的深刻内涵。后者将打造多种媒体统一发布管理的融媒体矩阵,形成"统筹策划、一次采集、多种生成、多元传播、平台融合、评估调整"的全新业务模式,持续提升国博社会美誉度和行业影响力。

三、博物馆智慧传播趋势与发展建议

（一）博物馆智慧传播趋势

5G+虚拟技术+大数据+人工智能的融合形态带来高效的互联网体验，增强了文化产品的吸引力、扩大了文化服务的供给范围，博物馆向数字化、智慧化迈进的发展态势不会逆转。

当前三大动力助推博物馆传播加速向智慧化转型。一是行业新政利好。近年来，《关于实施中华优秀传统文化传承发展工程的意见》《关于促进文化和科技深度融合的指导意见》等文件接连出台。文化和旅游部2020年11月印发了《关于推动数字文化产业高质量发展的意见》，要求推进文化产业"上云用数赋智"。2021年3月全国两会结束后，《中华人民共和国国民经济和社会发展第十四个五年规划和2035年远景目标纲要》正式发布，108处提到"文化"，6处提到"文物"，并在"扩大优质文化产品供给"中明确提出实施文化产业数字化战略。五年规划的发布和系列政策文件出台为文物的保护利用和文化的传承传播架构了顶层设计，为博物馆数字化转型和智慧化发展提供政策保障。二是新媒体新技术推动。5G、大数据、人工智能、虚拟现实等新兴技术的应用对博物馆文化传播的重构不仅在于提高文化产品生产、传播等环节的科技含量，驱动生产要素的优化配置，而且能够激发博物馆文化产业的创造活力，促进文化产品数字化、网络化、社交化和互动化，催生云端智慧传播时代的到来。

（二）博物馆智慧传播发展建议

一方面中华五千年文明博大精深，留下了宝贵的文化遗产，为博物馆文化传播提供了丰富资源。另一方面，截至2020年6月，我国网民规模达9.4亿，网络直播用户规模5.62亿，超大规模市场优势为数字文化产业发展提供了广阔空间。从趋势来看，文化传播上云赋智是博物馆以人民为中心、多渠道满足公众需求的必然选择。乘政策东风，深入挖掘文物价值内涵，充分利用新媒体新技术让沉睡在库房的文物活起来、传播开,大有可为应有作为。

第一,优质内容是博物馆文化传播的核心竞争力,既要勇于跨界融合,更要留住初心回归本源,立足定位,深耕内涵,做强内容,打造品牌。作为文化汇聚文明荟萃之地,博物馆既要履行收藏、研究的职能,又要发挥展览展示、教育传播的作用。各地各类博物馆应从自身定位特色入手,深入挖掘藏品、展品背后的故事,更好地展示文物的前世今生,让更多的博物馆优质资源为大众所共享。不论技术怎样进步,都不能忽视或轻视藏品本体的意义与价值;不论是线下还是线上,博物馆文化传播应当不忘初心。坚守博物馆的基本功能和主要价值,输出更多精品数字传播内容,用匠心呵护遗产,以文化滋养社会。

第二,技术与媒介层出不穷,博物馆智慧传播对新媒体新技术需理性应用切忌跟风。一方面,文物的保护与利用,传统文化的创造性转化和创新性发展离不开创新驱动。云展云游直播带给公众新鲜体验,也让公众对博物馆文化传播推陈出新抱以更多期待。在这个意义上,博物馆应拥抱新媒体提升媒介素养,理性认识和应用新技术,加快夯实信息化数字化智慧化基础,用"科技+"助力文物的研究、展示和传播。另一方面,技术与媒介迭代更新速度快且具有双刃剑效应,需更好地把握文化传承传播与技术之间的作用逻辑,尤其要辩证看待博物馆智慧传播带来的思维方式、行业生态和社会影响的变革,趋利避害,对新媒体新技术不能跟风硬用,只能理性应用。

第三,新媒体新技术层出不穷,博物馆智慧传播需把握趋势抓住关键。当逛博物馆成为新的生活方式,群众对不断提升沉浸感、参与度、互动性的需求日益旺盛,博物馆文化传播数字化智能化的发展方向不可逆转。应善于抓住顺应技术革新发展方向的智慧传播,回应公众对博物馆文化需求,优化观众文化体验的关键技术。虚拟现实是博物馆全景化视觉传播的重要代表,可以在固定的空间里容纳多种场景画面和感知集合,以全景化视觉呈现效果为用户的活动场景开拓无限可能。并且,在5G、人工智能和大数据的支撑下,跨越时空全景化呈现,让人获得包括视觉感知、听觉感知、触觉感知、运动感知,甚至包括味觉、嗅觉感知在内的通感体验,提升观众被特定历史文化艺术时空包裹着置身其间的存在感和真实感，使得色彩、图形、文字、视频、音频等信息在以用户为主角的虚拟环境中通过更加频繁的交互变得生动而有温度。在此沉浸式的通感体验和深入互动中，公众的生理沉浸感上升为心理、精神、价值层面的沉浸感，实现从观看者到参与者的转变；文物从历史中醒来，走出库房、走上云端，其自身蕴含的独特价值得以彰显；博物馆以更新的形式、更高的品质、更优的文化体验奉献于观众，给予公众美的熏陶、文化的滋养和思想的启迪，并有机会走进公众精神世界，对其身份认同和价值观念产生正向引导，实现以文育人、以文化人、以文培元，让人民群众在潜移默化中增进文化认同、坚定文化自信。

四、结语

云端智慧传播促进了公众对博物馆在线文化传播的关注，在不平凡的年份给人们温暖和慰藉。对博物馆而言，不断丰富和优化在线文化传播供给，是5G移动互联时代博物馆秉持创新、共享理念，重新梳理、深耕自身馆藏和展览资源，打破时空界限，融通展示空间场景应用与智能媒体交互，加速向数字化智慧化转型的必由之路。博物馆人应更加理性、积极地在保管、研究、展示、传播工作中应用新媒体新技术，在云端练内功蓄能量，夯实数字化智慧化传播的软硬件基础和人才储备，着力做优内容，精准分发和提升体验，进而塑造博物馆传播新样态。博物馆智慧传播的理想状态是让博物馆与公众在新型媒介技术融合之下实现真正无缝连接，成为朋友，让更多受众能够通过互联网在云端与博物馆相遇，更为细腻感受文明瑰宝的魅力，在增强互动体验中获得文化滋养，熔铸文化基因传承。

第六章 智慧博物馆创新路径

第一节 博物馆的文化自信与传承创新

党的十九大之后,中国开启了全面发展的新时代,我国博物馆事业迎来了发展的新机遇。在新的形势下,博物馆作为传承中华民族优秀传统文化的重要阵地,拥有丰富的文化资源。博物馆应充分发挥其社会职能和自身优势,坚定文化自信,开拓创新,在智慧化建设、陈列展览区域联合、文化产业发展和复合型人才队伍建设等方面进行探索与实践,讲好中国故事,扎实开展社会主义精神文明和社会主义核心价值观的宣传工作,推动中国特色社会主义文化走向繁荣鼎盛。

一、坚定文化自信的现实意义和深远意义

自党的十八大以来,习近平总书记曾多次提到文化自信,他指出:"我们要坚定道路自信、理论自信、制度自信,最根本的还有一个文化自信。"他强调"文化自信是更基础、更广泛、更深厚的自信""坚持不忘初心、继续前进,就要坚持中国特色社会主义道路自信、理论自信、制度自信、文化自信"。博大精深的中国优秀传统文化是中华民族的灵魂,是国家、民族屹立不倒的根脉,是激励中华儿女自强不息、奋发进取的精神动力。

改革开放 40 多年,我国各行各业取得了举世瞩目的辉煌成就,得益于马列主义、毛泽东思想,得益于开拓创新的邓小平理论、"三个代表"思想、科学发展观,得益于习近平新时代中国特色社会主义思想。在 2017 年 10 月召开的党的十九大上,"文化自信"又写入了习近平总书记代表第十八届中央委员会所作

的工作报告和《中国共产党章程》中,把坚定文化自信与坚定道路自信、理论自信、制度自信并重,体现出了高度的文化自信在新的历史发展时期的重要作用和深远意义。坚定文化自信,成为引领时代发展、继往开来、承前启后的社会主义先进文化的指路明灯,为中国的快速腾飞和民族复兴注入了无限的力量之源和民族智慧。

二、博物馆的文化自信

博物馆是文物和标本的主要收藏机构、宣传教育机构和科学研究机构,是社会主义科学文化事业的重要组成部分,是传承和弘扬中华民族传统优秀文化的重要阵地,是现代公共文化服务体系建设的重要内容,是保障人民群众享受基本文化权益、陶冶情操、休闲、学习的重要场所,参观博物馆是群众享受美好生活的重要方式。国家文物局公布的数据显示,截至2016年年底,全国登记注册的博物馆已达到4873家。众多的博物馆传承着中华民族的悠久文明,拥有着推动中华民族实现伟大复兴的文化自信。

无论是综合博物馆还是专题博物馆,无论是古建类博物馆还是遗址(迹)博物馆,无论是纪念馆还是名人旧居,无论是古城村寨还是历史街区,无论是馆藏文物还是自然标本,无论是传世藏品还是民间遗珍,无论是民俗物品还是古树名木,都蕴含着丰富的文化信息、生动的历史故事、浑厚的民风民俗、独特的地域文化。博物馆里的文化是构筑中华民族文化自信的基石,在传承中华优秀传统文化和建设社会公共文化服务体系的进程中,具有其他文化宣传部门不可替代的地位和作用。

三、博物馆的传承创新

在"坚定文化自信,推动社会主义文化繁荣兴盛"的新形势下,博物馆要充分发挥自身的优势和特点,既要利用好馆藏文物资源,挖掘文物中蕴含的中国故事、民族精神,更要坚定文化自信,务实创新,充分利用现代数字化和信息化技术,全方位地展示博物馆文化,激发博物馆的发展活力,让文物活起来,让博物馆文化走进群众的日常生活，让博物馆真正成为人民享受美好生活的精神高地。

（1）加强博物馆智慧化建设，打造互联网时代博物馆发展新模式，开启博物馆推进文化自信新征程。近年来，随着社会经济和信息技术的快速发展，智慧城市、智慧旅游、智慧景区等建设由理论走向实践、由城市铺开至各企事业单位，"互联网+"推广到全国各地各行业，延伸到我们社会生活的方方面面，给城市发展、民众生活带来了革命性的变化。智慧博物馆建设是我国文博事业未来发展的趋势。国家文物局在博物馆智慧化建设方面逐年加大指导力度，诸多国家级和省级博物馆的智慧化建设工作已取得了显著的成就。例如，北京故宫博物院已建成了数字故宫社区、官方网站、官方微博、微信公众号等。其中数字故宫在线项目推出了包括数字全景故宫、故宫文创系列App，新颖超前，走在了全国博物馆的前列。虚拟故宫数字展厅展示了故宫在藏品保护研究、古建筑修缮保护、观众服务、科学教育研究、文化弘扬传播等多个方面的最新进展、最新动态、最新成果，为广大观众奉献了一个耳目一新、丰富多元、生动有趣、寓教于乐的数字故宫。在智慧化服务和管理方面，故宫同样是领先一步，原故宫博物院院长单霁翔在2017年10月10日宣布，故宫博物院实行全网售票，关闭现场售票窗口，每天8万张门票全部线上销售，全网售票意味着故宫实体售票彻底退出历史舞台。但是，数量众多的市、县级博物馆在智慧化建设方面还存在着很大的差距，与社会的发展很不协调，智慧化建设的任务还很艰巨，可谓"任重而道远"。

（2）整合优化博物馆文化资源，建立完善博物馆展览巡展交流区域联盟，激发博物馆传播文化自信新活力。自2008年博物馆、纪念馆实施免费开放政策以来，激发了博物馆发展的生机与活力。据有关统计资料显示，2016年度全国举办展览3.08万次，实施专项教育活动10.9万次，参观人数约9亿人次，为弘扬中华民族传统优秀文化，传播社会主义精神文明发挥了积极的作用。在充分发挥博物馆阵地和窗口作用的同时，也推出了大量的流动展览，但纵观流动展览的整体情况，大型的精品文物展举办的并不太多，大多数馆是交流图片展览，在质与量等方面还有非常大的提升空间。在坚定文化自信、构筑新时代文化高地的新背景下，全国各级、各类博物馆应在馆际交流展览上下功夫，进一步整合优化博物馆文化资源，建立、完善博物馆展览巡展交流平台，激发博物馆的新活力。

（3）加强博物馆陈列展览区域联合。近些年来，为加强馆际展览交流，国家文物局、中国博物馆协会、中国文物报等建立了多种形式的展览信息交流平台，为全国博物馆开展馆际交流搭建了桥梁，推动了馆际展览交流活动的开展，取得了丰硕的成果。十九大报告明确指出："满足人民过上美好生活的新期待，必须提供丰富的精神食粮。"这是对文化发展的新要求。因此，博物馆作为公共文化服务体系的重要组成部分，必须深化文化供给侧结构性改革，减轻体制机制约束，构筑新的文化服务平台，激发博物馆文化发展的活力和动力，讲好中国故事，为民众提供丰富、便捷的精神食粮。新时代需要把握新特点，在国家级展览交流信息平台的基础上，建立、完善省、市级博物馆展览交流联盟势在必行。该联盟的运行可由大馆或博物馆学会牵头，也可与社会企业联合，创新管理机制，做到运行高效、展览优质、管理规范、科学安全。各级博物馆以馆藏特色文物和地方特色文化为切入点，将地方特色展览纳入省市展览交流平台，形成丰富多彩的展览交流，各级博物馆可根据自己的展期和需求申请展览。同时，也可以向其他省市的展览区域联盟输出和引进展览，深化展览交流活动，让文物活起来，让展览活起来，让文化活起来，让生活火起来，让体现中华文明的中国故事通过展览传播四方、传承百代。

（4）深化体制机制改革，推进博物馆文化产业发展，增添博物馆坚定文化自信的创新动力。博物馆文化产业从"以文养文"到回归公益，从文创开发到发展文化产业，经历了不同的发展过程。长期以来，各级博物馆根据自身的实际对文化产业的发展不停地进行探索，但由于博物馆属于社会公益事业，受体制和机制等因素的影响，博物馆丰富的文化资源无法充分向文化产业转化，文化产业发展存在着声势大而成果小、大馆（一级博物馆）强而小馆（二、三级及以下博物馆）弱的现象。2015年《博物馆条例》颁布实施后，"国家鼓励博物馆挖掘藏品内涵，与文化创意、旅游等相关产业相结合，开发衍生产品，增强博物馆发展能力"，博物馆文创产业再度发力，全国性的文创博览会为博物馆发展文化产业提供了新的舞台。习近平总书记在十九大报告中指出："要深化文化体制改革，完善文化管理体制，加快构建把社会效益放在首位、社会效益和经济效益相统一的体制机制。""健全现代文化产业体系和市场体系，创新生产经营机制，完善文化经济政策，培育新型文化业态。"这些重要论述，为博物馆发展文化产业指明了方向，吹响了博物馆向文化产业前进的号角。

第二节　智慧博物馆的展陈模式创新

受大数据、物联网、云计算等新兴技术发展的影响，传统博物馆正在向"智慧博物馆"转型。本节以"智慧博物馆"的展陈创新为视角，总结出智能导览、数字化互动展陈、"虚拟+现实"展陈、"云"展陈四方面智慧展陈手段，并展开论述。

一、智慧博物馆的展陈模式创新概述

如今，传统博物馆的展陈模式，已经落后于时代的发展，不能满足大众日益增长的文化需求，也不能适应大众不断变化的审美情趣。这就要求博物馆针对观众需求，开拓新思路，利用新技术，创新展陈模式，与时俱进，给观众带来全新的"智慧"观展体验。

智慧博物馆则突破了传统博物馆以文物资源为中心的展陈模式，转变为"以人为本"的展陈模式，将提升观众的体验感、参与感作为展陈设计初衷。通过感知设备、互联网、物联网以及大数据，智慧博物馆能实现馆内流量监控以及藏品、展厅内设备的智能化控制，从而优化观众游览路径与信息获取方式，建立观众与藏品的互动关系；通过数字媒体、VR、AR、MR、人工智能等技术手段，智慧博物馆采用丰富的智慧展陈手段，赋予藏品新生命，为线上线下的观众，提供生动有趣的高品质文化观展之旅。

二、智慧博物馆的展陈创新手段

（一）智能导览

博物馆藏品一般都是按照特定的逻辑和序列进行展示的，传统博物馆虽然配备有讲解团队以及讲解设备，但由于体验感欠佳，大部分观众参观博物馆仍然会选择自行游览的方式，在馆内走马观花，导致对藏品的观赏流于表面。智慧博物馆以 Wi-Fi 室内定位技术、iBeacon 定位技术、RFID 定位技术等多种室内高精度定位技术为基础，推出个性化智能导览系统，大大提升了观众的观展体验和质量。观众只需通过该博物馆的微信公众号、微信小程序或者 App，找到智能导览功能，就可以享受个性化的展陈导览服务。

打开智能导览系统，观众可以查看展馆地图，对想要前往的展区进行导航，快速到达目的地。也可以根据自己的偏好，如最短路径、沿途文物最多、参观人数最少等作为选择指标，让系统生成相应的个性化游览路径。山西博物院推出的智能导览系统还能对采集到的观众游览数据进行处理和分析，推测出观众的兴趣趋向，进行藏品推荐和路径规划。

在参观过程中，观众可以通过发送编码、扫二维码、图像检索等方式，主动获取展品的图文、语音乃至视频信息，对比传统的听讲解员讲解或阅读文字介绍等信息获取模式，观众的观展自由度与深度有了很大的提升。苏州博物馆推出的智能导览系统还会根据观众定位，自动将周边重点展品的信息推送到观众手机上，提供了更智慧、便捷的观览体验。

（二）数字化互动展陈

智慧博物馆对现有藏品资源进行数字化后，可以进行三维动画等数字设计，让藏品以生动、逼真的数字形态，呈现在形式多样的数字媒体上，并辅以体感交互功能及人工智能，让藏品随着观众的动作而变化，实现智慧展陈。这种展陈方式能让文物"活"起来，让观众从"被动参观"变为"主动参与"，更好地理解文物的内涵和价值，留下深刻的观展印象。

数字化互动展陈如何实现？不同的智慧博物馆有不同的尝试。有的博物馆把展柜设计为触摸屏，例如甘肃省博物馆使用了透明的液晶触摸膜展柜，将文物的使用场景制作成三维动画，呈现在文物右侧，观众既可以欣赏实体文物，又可以通过触摸透明液晶膜展柜，欣赏逼真的文物三维动画，充分调动了观众的观展兴趣。

也有博物馆引入了"数字魔墙"，也就是大型数字化可视界面。魔墙通常由数块高清屏幕构成，观众可以通过点击、滑动、放大缩小等方式浏览感兴趣的藏品图文、视频信息，还可以进行点赞、下载信息到手机等操作。魔墙可支持二三十位观众同时操作，还可以统计分析参观人次、点赞次数、下载次数等使用数据，为展陈提供直观的数据支持，帮助管理者分析观众兴趣偏好。

故宫博物院则将一座传统建筑，设计为整体的数字展厅——端门数字馆。馆中没有一件实体文物，完全依托大型高沉浸式投影屏幕、可触摸高清屏等各类数字媒体，进行数字化陈列展示，同时通过语音图像识别、体感捕捉、人工智能等多种先进技术，让观众得以全方位鉴赏质地脆弱、无法展出的珍贵文物，走进3D复原的乾隆书房三希堂，还能"试穿"清朝华服，与朝中重臣自由"对话"，获得了比参观实物展品更新奇、更有趣的体验。

(三)AR、VR、MR"虚拟+现实"展陈

近年来，AR、VR、MR这三种将虚拟与现实交融的标志性技术越来越成熟，也有越来越多的博物馆尝试将这三种技术应用在藏品展陈中，让观众穿越到虚拟世界，与文物进行零距离接触。

AR(Augmented Reality)，意为增强现实技术。这项技术将虚拟信息叠加到实物上，通过手机、平板电脑等移动终端设备呈现或投射出来，增强视觉效果和互动体验感。博物馆通过AR技术，可以让观众通过手机看到展品的复原面貌，观赏到暂时无法展出的珍品，还可以玩AR小游戏。例如，大英博物馆就曾推出过一款有趣的AR益智游戏"献给雅典娜的礼物"。观众用手机扫一扫特定的展品，收集讯息，来解决谜题进行闯关，在此过程中吸收展品的知识，让观展变得更有意义。

VR（Virtual Reality），意为虚拟现实技术。VR技术创造了一个三维的虚拟世界，让人们通过VR工具，感受视觉、听觉、触觉的多重刺激，沉浸在逼真的虚拟世界中。通过VR技术，博物馆可以向观众再现历史场景，还可以"复活"展品与观众互动。例如，西班牙国家考古博物馆在建馆150周年之际，曾开发了一款VR展项，观众穿戴上VR设备，就可以沉浸在罗马帝国时期的西班牙城市广场、阿拉伯统治时期的集市、黄金时代的住宅等不同时期的西班牙历史场景中。

MR（Mixed Reality），中文意为混合现实技术。MR是AR与VR的结合。MR将虚拟画面和现实场景融合在一起，生成全新场景，让实物和虚拟画面实时共存，实时互动，带来身临其境的真实感。博物馆通过MR技术，实现实体展品与虚拟画面的虚实融合与互动，帮助观众理解文物背后的故事，体验新颖的交互式观展模式。例如，重庆中国三峡博物馆曾推出过MR版《增广重庆地舆全图》，观众佩戴上HoloLens全息设备，观看《增广重庆地舆全图》，就会发现实物展品上"长"出了立体的虚拟影像，观众可以跟随着影像中清朝装扮的动画人物小渝，游览清朝时重庆的城门、街巷、码头，感受文物遗留的珍贵历史讯息。

（四）"云"展陈

2020年年初，博物馆的云端的窗口悄然打开——故宫博物院、中国国家博物馆、敦煌研究院、广东省博物馆、南京博物院、浙江省博物馆等知名博物馆纷纷推出"云展览"，让民众宅在家里也能"云游"博物馆，享受文化盛宴。

智慧博物馆时代，"云展览"不再只是简单地将实体展厅和藏品搬到互联网上展示，而是创新展陈思路，跳出让观众"浏览"展品的传统模式，而是让观众成为主角，采用360°全景展示、VR、AR、3D建模、图像识别等技术以及图文词条、语音讲解、动画视频等多媒体呈现展品、展厅，给民众带来主动参与式、沉浸式的"云观展"体验。例如，上海博物馆上线了别具一格的互联网端"丹青宝筏——董其昌书画艺术大展"。在这个线上展览里，观众不仅可以欣赏董其昌名作的高清大图，还可以跟随董其昌乘着小船，三次南下游历山川名胜，欣赏他沿途创作的书画；还能"穿进"他的名作《秋兴八景图》体验全景漫游，化身为画中人泛舟河上，以第一视角观赏两岸的美景，令人拍案叫绝。

智慧博物馆用策展思路创新和技术创新，实现展陈模式创新。以观众的观展体验为核心，借助大数据、物联网、云计算、人工智能、VR、AR、MR等新兴技术，创新展陈设计，让文物"开口说话"，让观展变得更智慧、更奇妙、更接地气。

信息技术发展日新月异，期待智慧博物馆继续探索、不断尝试，设计出更多智慧展陈模式，吸引更多的观众观展，更好地实现博物馆的公共文化服务职能。

第三节　智慧博物馆的文创研发创新

目前，我国博物馆文创产品开发正逐步经历"1.0仿制时代—2.0创意生产时代—3.0智能制造时代"的转化。智能技术的成熟，使文创产品逐渐拓展出虚拟性、交互性、趣味性、情感化等复合功能，智能技术加持背景下的文创产品，主要在开发设计、生产流程、产品材料、产业联结等方面发生变革。

一、博物馆文创产品智能开发现状

科技的应用为设计者挖掘展藏品背后的文化内涵，提供了便捷的辅助手段。通过建立博物馆中心数据资源库，可实现精准的语音识别、人脸识别、场馆感知、实时监测、图像视频检索等智能分析工作，有效开展智能化管理系统、智慧客流分析、智能导览、文物修复、古籍文献智能研究等工作，这为深入剖析和挖掘具有文化和历史价值的展藏品，提供了多维立体的供给测数据。

智能物联网、3D打印、智能材料、生物识别与采集等智能技术，变革了文创产品的创意、创作与生产流程，将传统的"未知生产"转换为"可知生产"，改变了设计者受限于材料、工艺、成本等因素而无法进行流水线大工业批量生产的现状，以越来越精准化、个性化、柔性化的形式，为受众提供多种材质和类型的产品与服务。按需、按量的智能制造，一方面加速了展藏品与产品之间的信息共享，创新优化了文创产品的生产流程、生产技艺和制作工序，降低了研发生产成本；另一方面降低了产品开发难度，缩短了开发周期，增强了受众的使用和消费体验过程。

人工智能技术将碎片化信息结构化和逻辑化，通过线上社区鼓励访客参与线下和线上联动体验，并结合票务信息与网络关联资料，获取观众非隐私性信息数据，制定虚拟云游览、智能交流互动等个性服务，消除了时空限制，提升了访客的参观效率和体验。通过登录地点和点赞、转发、留言等线上互动的相关关系分析，提取用户偏好与特征，为文创产品开发与创新提供了精准的数据决策和算法支持。同时，新媒体技术还能通过体感识别、人脸识别、情感识别等技术，自动分析访客的动作、姿态，以寓教于乐的方式让访客完成与智能设备的接入性体验，实现展厅智能导览和在场在线互动。

"人工智能+"的文创产品打通了多种消费场景，提高了商业智能度和盈利能力，整合与拓展了产业链条，加速了产业跨界融合。横向上，人工智能技术迁移催生出品牌营销、公共关系、投资者关系等应用场景，使场景分发向多元场景转变，通过计算模型构建形成的"轻资产，零库存"营销模式，实现定向营销、精准营销和智能营销。消费数据的实时反馈又促进产品的持续迭代与优化，使产品盈利模式向集"体验+消费+情感"于一体的复合模式转变。纵向上，博物馆与高技术性、高增值性和高收益性的行业融合，有助于提升传播的广度、深度及价值溢价，提高跨界匹配与合作精度，为文创产品的投融资、品牌授权、公共服务形式创新拓宽道路。

二、文创产品智能开发的实现要素

（一）博物馆文创产品智能开发与创新的基础是数据

要运用云存储、云计算、大数据等智能技术，秉承"以人为本"理念，促动文创产品适配数据供给侧市场需求。场馆是数据生产的场所，网络是数据制造的场域，访客或用户是多样数据生成的来源，场馆数据、在线数据、受众数据同等重要。互联互通的智媒时代，要紧跟国际科技发展趋势和国家政策，构建更智能化、多样的数据信息展示与共享传输平台，充分将数据信息纳入数据回收、采集和发掘的范围中，提升关键环节的数据集散能力，打通线上、场馆与受众之间的数据壁垒，在文创产品开发后端搭建一系列完备、科学、重量化的数据管理平台，前端打造一套智能化、可视化、轻量化的馆藏品信息展示与应用输出系统，顺畅展藏品与文创产品之间的数据撷取与互通设计，以更快更好地响应市场需求、服务社会、服务大众。

（二）博物馆文创产品智能开发与创新的源泉，是新技艺和新材料

利用神经网络、计算机视觉系统、认知科学等关键核心技术，有效提升产品的智能创意、生产流程与集成度，借助生物技术、新材料技术、新能源技术，有机塑造强化产品的绿色可持续、智能化、高端化结构形态，丰富产品多终端、多线程、多载体类型，让文创产品内容从昔日的文化拼贴复制走向现代的文化共创共生，设计生产由满足单一个人的手工艺术生产向创意定制化、设计规模化、生产柔性化的智能型工业化设计生产思路转变，真正从"中国制造"走向"中国智造"，从而满足消费者个性化的更海量、更多样需求。

（三）博物馆文创产品智能开发与创新的核心是算法

在文创产品中，版权仍然是制胜法宝；旨在提升产品可辨识度，增强产品市场竞争力，提高市场占有率，提升产品增值价值，扩宽利润窗口。因此，要运用5G、区块链、边缘计算等技术，加快构建在线可追踪溯源的、安全的产品展示授权和版权评价、评估、交易平台；在线下联合各机构、多渠道积极举办参与版权相关的展会、会展，提升产品与版权的曝光度和知名度，加快文创产品版权与其他行业产业的共通共融，提高生产性公共服务业效率与服务智能度，进而提高产业服务能级和聚集效应。通过构建智慧、透明、清晰、安全的多功能高效率中转平台，促进博物馆文创产品版权服务智能化、标准化、规模化和品牌化，实现文创产品版权服务的制度化、规范化、稳定化、价值最大化和产业生态化。

（四）博物馆文创产品智能开发与创新的竞争优势是算力

借助深度学习、基于内容的筛选系统、关联规则挖掘创建客户数据库，运用多场景联动探索用户与商品之间的相关关系，完成偏好型商品匹配。同时，结

合海量数据分析研判市场发展趋势，进行精准产品定价、营销决策、分发推广等过程，提升产品的议价能力、增值盈利能力与商业智能度。借助产品的差异化价值和独特竞争优势，文创产品不仅能够获得精准向度的服务效果与可持续自我供血的营收，加快产品辐射向产业的跨步并进，有效联通产业外围层和相关层，从而形成完善顺畅的产业供需链、价值链、空间链，而且可以通过持续的理念创新、技术创新、服务创新、业态创新、模式创新与精神文化内容输出，帮助博物馆保持恒久的生命力和社会影响力。

未来，科技将与博物馆文化和场景深度融合嵌入，帮助其深入挖掘更多展藏品的文化、社会、经济价值，改造完善文创产品的创意设计、生产分发、产业联结等流程，覆盖全域体验和消费场景，更充分展现出定制规模化、产品智能化、游览智慧化、体验虚拟化、场景多元化、产业融合化的新态势。

第四节　大数据智慧博物馆创新建设路径及其对应策略

随着物联网、云计算、大数据、人工智能等新一代信息技术的发展，博物馆的功能定位、展陈方式、文物保护、教育传播等运营模式均发生了很大变化，通过数据驱动博物馆业务发展成为智慧博物馆建设的重要目标。文章对藏品、观众的数据组织及建设路径进行深入剖析，并在博物馆各要素全面数据化、确立数据标准与规范、建设数据管理平台、推动数据开放共享、实现数据融合创新等方面提出对应策略。

博物馆承载历史记忆，传承文化基因。2007年，国际博物馆协会对博物馆的定义是"一个为社会及其发展服务的、向公众开放的非营利性常设机构，为教育、研究、欣赏的目的征集、保护、研究、传播并展出人类及人类环境的物质及非物质遗产"。在2019年9月东京召开的国际博协大会上，提交审议的博物馆新定义为"博物馆是用来进行关于过去和未来的思辨对话的空间，具有民主性、包容性与多元性。博物馆承认并解决当前的冲突和挑战，为社会保管艺术品和标本，为子孙后代保存多样的记忆，保障所有人享有平等的权利和平等获取遗产的权利"。虽然这一定义并未表决通过，但却引发了深入的思考。

随着社会的进步和信息技术的发展，博物馆的功能定位、展陈方式、文物保护、教育传播等运营模式均发生了很大变化。截至 2019 年年底，我国登记备案的博物馆达 5535 家，可移动文物逾 1.08 亿件套。同时，人民群众生活水平不断提高，精神文化需求快速增长，仅 2019 年博物馆参观人数就达到 12.27 亿人次，这对博物馆的管理和服务提出了更高的要求。随着博物馆资源整合、开放、共享的逐步推进，传统的以部门为单位，单打独斗的业务模式已无法适应新时代对博物馆的要求。博物馆应根据新的业务需求，重塑业务格局，从分散建设、独立应用向集成化发展。智慧博物馆是在融合博物馆信息化建设和数字博物馆建设成果基础上，利用最新信息网络技术而形成的博物馆运维新模式，其重点是解决最新信息网络技术下"人—物—空间"数据融合共享与智慧应用问题。

近年来，国内外博物馆都在利用信息技术提升保护、管理和服务水平。2012 年 4 月，IBM 宣布与巴黎罗浮宫博物馆合作，建设欧洲第一个智慧博物馆，通过 IBM Maximo 资产管理软件，简化博物馆设备维护流程；2014 年 9 月，纽约大都会艺术博物馆上线 THE MET 智能移动应用，为观众提供丰富多彩的参观和体验内容；2015 年，史密森尼自然历史博物馆研发新数字化应用系统，通过社交媒体和增强现实技术，为观众提供智能导览和沉浸式体验；2015 年，美国克利夫兰艺术博物馆利用面部/动作识别技术提高了展品与观众的互动性。相较于国外博物馆，我国博物馆智慧化建设起步略晚。2013 年陈刚在《中国博物馆》期刊发表《智慧博物馆——数字博物馆发展新趋势》，首次提出"智慧博物馆"概念；2015 年国家文物局在苏州博物馆、广东省博物馆、金沙遗址博物馆等几家博物馆进行智慧博物馆试点建设。总体来说，博物馆智慧化建设经历了统一规范、整合信息资源、破除信息孤岛的过程，在智慧管理、智慧保护、智慧服务等领域均有了较大的提升。

伴随着物联网、云计算、大数据、人工智能、虚拟现实、5G 等新一代信息技术的发展，数字化、网络化、智慧化已成为博物馆发展的大趋势。互联网的宽带化和移动互联网及物联网的技术与应用源源不断产生数据，摩尔定律所支撑的计算能力几乎是以十年千倍的速度提升。而大数据与智慧化是相伴而生的，大数据所具有的海量、高速、多样性、低价值密度、真实性等特征，通过海量、多源异构的数据资源抽取、治理及新的处理分析模式，具有更强的决策力、洞察发现力和流程优化能力，从而做出预测和判断，推动博物馆管理、服务、保护等方面由粗放式向精细化发展，形成以全面透彻感知、泛在互联、智慧融合应用为主要特征的智慧博物馆新形态。

一、大数据时代的智慧博物馆建设功能定位

20世纪中后期，博物馆逐步从"以物为中心"转向"以人为中心"，同时博物馆功能从传统的"收藏、研究、展陈"向"教育、研究、收藏"转变，更加凸显了教育的重要作用。王宏钧先生认为，"博物馆教育是在藏品和科学研究的基础上展开的。一个博物馆存在的价值就在于有效地使藏品及其研究成果为社会公众服务"。博物馆收藏是基础，研究为展览和教育服务，陈列展览作为教育的载体，三者相辅相成，在大数据时代关系更为密切，数据的高效组织成为智慧博物馆发展的基石和制约因素。

从收藏角度来说，文物是博物馆的物质基础，是不可再生资源，文物的收藏保管是博物馆工作的重中之重。文物本体的安全保管涉及环境监测、安防消防、账物统一、定位追踪等内容。在信息技术飞速发展的基础上，利用物联网技术，通过实时的温湿度、光照、菌落等数据采集，建立文物预防性保护的大数据模型，当数据超过阈值即自动报警处理；无线射频识别技术（RFID）是物联网技术的核心之一，射频识别的电子标签等信息传感设备是实现物联网的核心中介设备，将文物藏品和RFID电子标签安全绑定，从而实现对文物本体的位置动态感知。馆藏文物利用管理是博物馆整体工作中极其重要的一环，是博物馆的一项重要基础性工作，其中文物的征集、鉴定、登编、备案和建档是基础工作中的核心。长期以来这项工作一直开展得不够理想，基础资料不完善是我国博物馆的通病，对研究、展陈、教育业务的支撑有限。因此，通过建立文物征集、保管、研究、展陈、教育、宣传等多维度、全生命周期的数据管理，可实现藏品科学保管、出

入库流程跟踪、定位识别查找、预防性保护等核心管理环节的有效规范实时动态应用，形成藏品信息可查询、流程可追溯、安全可保障的文物生命周期全流程智慧管理新模式。

从研究角度来说，目前国内大多数博物馆的科研工作往往都是研究人员凭借个人兴趣和工作条件进行，随意性较大，基本上是封闭式的，缺乏交流和沟通，既不能形成合力，更无法对工作形成有效的科研支撑。博物馆研究的特征是拥有宝贵的实物资源，以物说史、以物释史、以物证史是博物馆的基本职责。博物馆藏品既有表现自身特点的外在特征，又有表现同类物、同文化物的作用，还可以表达特定的社会文化现象或历史过程。因此，对藏品的研究一方面要运用视觉、感官准确描述藏品的质料、体量、纹饰等；另一方面要运用历史文化等背景知识，结合历史学、考古学等文献资源对博物馆文物进行历史、科技、艺术等多方面价值的研究。随着近年来各类人文文献资料的数字化，各类专题数据库、语料数据库建设，以及数字人文在人文科学研究领域的蓬勃发展，博物馆研究也需要从数字化、结构化、关联化、语义化到智慧化，通过数据驱动的方式对博物馆文化遗产数字资源采集、标注、关联、解构和重构，如对实物图像进行适度标注，把图像内部的知识点和背景知识关联起来，甚至与图书馆、档案馆等数据库建立关联，展示出实物和史料隐含的关系，为研究者提供一个观察某历史时期具体事件发生的环境，呈现出相关史料之间的时空联系，弥补藏品数据方面的不足。

从教育角度来说，陈列展览作为博物馆教育的重要载体，呈现内容从物的展示到信息阐释，博物馆展览不应当仅仅向观众提供孤立的器物，而应该以物为载体向观众讲述具有叙事性的故事，这需要大量的数据做支撑。近年来利用5G、VR/AR、多媒体等数字技术开发馆藏资源，在对文物价值深入挖掘与科学诠释的基础上，通过数字信息的重构组合，打造线下交互式、沉浸式展览体验，实现文化与科技的融合发展，让文物展示从静态转为动态，从简单的图文展示转为多维度的信息推送。同时，发展"互联网+展陈"新模式，打造数字化展示示范项目，通过数字化采集、图像呈现、信息共享、按需传播、智慧服务等云展览共性、关键技术研究与应用，使博物馆实物展场的教育逐步向线上教育纵深拓展。其次，微信导览、智慧导览等方式代替了人工讲解，内容方面融合文字、音视频、AR/VR等内容，调动观众多感官沉浸式体验，使古老的文物焕发新时代的活力，让观众感受更便捷更有趣更有文化内涵的体验。

二、大数据时代的智慧博物馆建设路径

博物馆拥有海量、多源异构的数据资源，从数据类型来说涵盖结构化数据、非结构化数据，以及半结构化数据，其中结构化数据多来源于系统数据库，如藏品著录指标项信息、观众基本信息等；非结构化数据以文件存储的方式，如藏品二维影像、三维模型、音视频以及PDF文档等；半结构化数据多来源于互联网，以xml文件的形式存在，如博物馆舆情数据等。数据内容涵盖核心业务、行政管理、运维保障等，其中核心业务涉及藏品数据、展览数据、研究数据、传播数据、社会教育数据、文创数据、观众数据等；行政管理数据涉及人员数据、财务数据、资产数据、工作数据等；运维保障数据涉及设备数据、楼宇数据、安防数据、后勤物业数据等。

随着技术的不断发展，基于博物馆私有云平台以及可分布式计算的大数据平台等基础环境的支撑保障，海量、多源异构数据的采集、存储、处理已经不是问题，如果采用大数据的采集处理模式，对各业务环节的数据进行汇聚、管理、存储所有的全量数据，以面向业务主题的指标体系进行数据组织，通过数据的深度挖掘和分析，丰富数据维度，打破数据孤岛，形成博物馆数据资产目录，进而深度挖掘数据价值，实现业务与数据的深度融合，为业务优化提供数据支撑服务。本文主要以藏品、观众的数据组织为例，阐述大数据时代智慧博物馆建设路径。

（一）以藏品数据为核心的知识库构建

藏品是博物馆研究的物质基础，与藏品相关的数据涉及考古发掘记录、研究报告、影像信息、鉴定信息、保管信息、修复保护信息、展出信息，以及相关古籍文献、历史地图、照片、拓片等，这些数据以各种形式沉淀在业务系统里。北京大学文博学院宋向光教授提到："博物馆征集、收藏、保护、研究、陈列、传播等各项基本业务内容尽管各不相同，各种基本业务的成果都是某种形态的知

识，并作为其他业务的知识性输入和知识构建。"以藏品为例，自藏品征集入馆开始，藏品的流传经过、专家鉴定意见等成为藏品档案重要数据，为后续的知识构建工作奠定真实、准确、可靠的基础资料；在藏品收藏的过程中，关于时代、类别、级别、质地、外形尺寸等藏品本体信息的著录管理，是对藏品知识的完善、规范，便于后期的查找利用及知识关联；藏品保护是知识构建的重要手段，通过对藏品质地、结构、制作工艺、装饰、埋藏或流传环境的检测分析，甚至是藏品的修复技艺等修复档案，进一步丰富和深化对藏品实体及相关自然、社会、文化、技术条件的认识；藏品研究围绕藏品的物质属性展开，结合有关史料，藏品相关的历史、社会及经济环境，藏品在时间及空间上的变化等藏品信息的梳理与挖掘，形成知识性的研究成果；藏品陈列是知识构建的直观化呈现，原本孤立的一件件藏品，经过研究将碎片化的知识超越时空关联起来，并赋予时代的价值观及认同；博物馆传播的是经过精心策划的知识，借助场馆及融媒体平台等多种不同的媒介形式，并在传播互动中鼓励公众参与博物馆知识构建。

目前，各家博物馆在信息化过程中，藏品的本体数据、文献研究数据、修复保护数据、展出利用数据、影像资源数据等分布在不同的系统中，系统中的数据管理自成体系，导致数据在系统内有效，系统间的关联关系完全割裂。数据的割裂一定程度上影响和制约了博物馆业务工作，无法通过数字化、关联化、语义化等数据分析及挖掘形成高质量的数据，博物馆作为知识宝库的价值也未能充分体现。因此，亟须将海量、多源、异构的文物领域数据，包括藏品本体、环境、历史文献、考古资料、研究成果、网络数据等，利用自然语言处理、大数据分析、文献计量学等组织起来，使数据语义化并相互关联起来，形成能够支撑文物和博物馆各项业务需求的知识表达和知识呈现体系。

一方面，通过博物馆内部跨系统数据采集、融合、治理、分析，形成藏品考古、征集、管理、修复保护、研究、展出利用等全生命周期的数据，形成完整的藏品数据档案；另一方面，通过文物知识图谱技术关联各类文献库、人物资料库、历史事件库等史料数据库，实现资源的组织、存储、分析和利用，通过元素提取，语义资源、文献资源、图片资源等类知识资源的采集、加工、标引等，整理出文物相关专题的时间、地点、人物、事件、作品等线索，通过适当的数字分析工具来剖析它们之间的关联，提供基于历史时空的事件、文物、文献、社会关系等知识脉络展现和探索研究的创新服务。

文物知识图谱需要建立文物知识表达的数据模型，知识图谱元数据模型主要有 DC，SKOS，CIDOC-CRM，EDM 等，其中国外应用较多的为 CIDOC-CRM 模型。CIDOC-CRM 是国际文献工作委员会的概念参考模型，提供了一个通用并且可扩展的语义框架，该框架可以映射任何文化遗产信息，涵盖博物馆、图书馆、档案馆等，以促进对文化遗产信息的共享共识，为文化遗产信息资源提供其所涉及的隐性概念、显性概念及其关系的语义定义和结构形式化描述。CIDOC-CRM 主要目的在于落实各种异构文化遗产信息源之间的信息交换和集成，收集那些为博物馆典藏增添文化含义和价值的历史、地理和理论性背景资料，通过概念与关系的匹配，完整记录文化遗产的各种信息，以便将各种零碎分散的地方性信息源处理成一致的全局资源。

（二）以观众数据为核心的用户画像构建

博物馆作为非正式的学习环境，具有非强制性特征，观众选择是否来博物馆，完全取决于个人喜好。公众来博物馆关注的是"我能从博物馆获得什么"，休闲娱乐、自我充实、社交活动、艺术熏陶、教育学习等往往被看作是参观博物馆的动机。"21 世纪博物馆面临的最大挑战就是必须认识到博物馆是为公众服务，而其未来的成功则有赖于发现并满足公众的需要。"随着大数据、云计算、移动互联网时代的到来，通过收集观众数据，分析观众的行为及可视化数据分析结果，呈现出观众的社会属性、教育背景、参观行为、消费行为、客户来源地等数据，可以进一步了解到个体进行博物馆参观的兴趣所在、关注热点、来博物馆的动机等，为观众构建用户画像。

博物馆观众数据分为用户基本属性数据、用户参观行为数据、用户社交网络数据，以及其他数据等。其中用户基本属性数据，包括唯一身份 ID、姓名、性别、年龄、籍贯、教育程度、专业、职业类型、邮箱等，可以通过预约服务系统、网站等注册信息采集，主要是观众来博物馆前的预约行为，这部分通常是结构化数据，直接从博物馆自建系统数据库抽取即可，相对比较好采集，并且便于形成用户标签。

用户参观行为数据涵盖参观路线、导览习惯、停留时间、关注展品、消费记录等，这部分数据来源于定位系统、导览系统、文创产品销售系统等，数据类型涵盖结构化数据和半结构化数据，主要通过数据库抽取，及操作日志埋点的方式进行提取。

用户社交媒体数据涵盖包括浏览、点赞、分享、评论、讨论、互动等，数据来源于网站和微博、微信等其他社交媒体系统，这部分属半结构化和非结构化数据，且数据量庞大，同时是用户画像的主要数据，如页面浏览、点击、下载等用户行为数据主要存储于用户 Web 日志中，需要通过网络爬虫和日志挖掘技术进行提取，并将采集后的数据进行清洗、转换、规约、集成等预处理，形成有效的用户画像数据。

针对观众数据分散在不同的系统，通过对各业务系统数据库表进行业务分析，在保留各业务系统独立数据的同时，对存在业务共性的基础信息表进行采集、融合操作，针对结构化数据库采用 ETL 数据抽取方式，针对非结构化数据或者半结构化数据采用 API 接口的方式进行数据采集，并对采集融合的数据进行标准化处理，依据各层数据的表和字段、业务含义建立逻辑模型、物理模型等。结合用户的需求对观众进行标签分类，对已构建的各类标签进行权重分配、计算和比较，将具有独特标签的用户划分为一个集，依据模型计算对应的指标值，最终从年龄、地域、职业、兴趣爱好、参观时长、参观次数、参观行为等内容初步构建观众画像，使博物馆深刻理解观众需求，实时洞察观众喜好，为博物馆展览、教育等各项工作决策和评估提供参考依据，帮助博物馆快速精准地找到特定观众群体，以个性化的服务满足观众需求，实现博物馆服务由粗放式向精细化转型。

大数据时代的智慧博物馆建设，通过系统间数据的融合互通，借助大数据的采集模式、采集速度、基于云计算的数据处理分析，使得人、物、数据之间呈现出动态多元协同关系，使得展品状态、展厅人流、场馆设备运行等的状况可以被动态感知，从而实现预警及应急处理。为确保文物安全，避免观众在展厅内聚集，利用 Wi-Fi、RFID、蓝牙、地磁、陀螺仪、加速度、气压多源融合室内定位技术，与安防报警、视频相融合，对场馆人流量进行实时监控。基于观众导览数据、展厅热力数据、人流量数据结合博物馆各展厅设计容量进行动态分析，整合全馆展厅客流量资源，在海量业务数据积累的基础上开展数据分析和挖掘，计算各展厅拥挤程度，分析出预警方案及引流方案，提出开放空间使用优化建议，对业务和管理的保障支撑更有力。

三、思考与展望

随着全球信息技术革命突飞猛进，智慧化已成为博物馆发展的最新趋势。尽管各博物馆在不同的领域进行了智慧博物馆建设的探索尝试，但尚未形成系统、完善、开放的智慧博物馆建设标准体系。在工作实践中不断总结思考，下面谈几点体会，以求抛砖引玉。

（一）顶层规划设计，各要素数据化

首先，智慧博物馆建设是一把手工程。馆领导要充分重视，根据博物馆定位和功能，做好顶层设计和整体规划。其次，智慧博物馆建设是一项系统工程。应坚持"需求驱动，业务引领，技术服务"的原则，新技术的应用和选择要服务于需求，始终以博物馆需求为导向，从文物保护、陈列展览、观众服务及内部管理等方面全方位智慧化提升。再次，也是最重要的一点，智慧博物馆建设应注重将"人、物、空间"等各要素全面数据化，涵盖文本、图像、图表、音视频、三维模型、全景漫游、空间轨迹等多种数据类型，而且这种数据采集是全方位、动态、实时的，来源于多个应用系统，在建设过程中应遵守统一的平台技术、接口标准，注重系统之间的业务集成、数据集成、服务集成。最后，建设思路应将原来以业务流程为核心的信息系统建设，转型以数据为核心的系统体系建设，这是一个"数据为王"的时代，文物信息化工作要坚持在基础数据上下功夫，尽可能采集和丰富文物信息，做好基础档案，做大数据资源，而不是在各种系统建设上反复投入，避免重复建设。

（二）制定数据标准，形成管理规范

博物馆在以往多年的数字化和信息化过程中，已经积累了一定的数据基础，但是很少有博物馆从整体宏观的角度梳理已有的数据资源目录。智慧博物馆建设，首先，要进行全面的数据调研，摸清现有的数据资源目录，以及数据的完备性、一致性、更新频率等数据质量问题。其次，博物馆应该根据业务发展需求，建立数据标准，实现现有数据和新增数据的规范化管理，通过建立体系化、标准化的数据采集、存储、交换、应用流程，逐步实现博物馆数据的全面资产化，使数据资产管理贯穿数据"采、存、管、用"等整个生命周期全过程，并逐渐通过运营手段完善数据管理制度和规范，保障数据资产的高效输出和循环落地机制，形成数据资产管理闭环。通过一个持续和动态的全生命周期管理过程，使数据能够为"智慧博物馆"建设提供源源不断的动力。最后，通过标准体系的建设，使得博物馆内部、博物馆之间可以进行数据的交互，彼此共享建设成果。

（三）建立管理平台，数据互联互通

根据博物馆目前应用系统和数据的现状，结合实际需求，利用云平台、大数据、Hadoop体系架构等技术，建设一个支撑多源异构数据采集与汇聚、存储与组织、分析与挖掘、治理与管控、展示与应用等技术的支撑平台。智慧博物馆建设是一项非常复杂的工程，大数据管理平台的建设也非一时之功。首先，可以通过核心业务的示范性应用带动大数据管理平台的建设。针对业务数据如藏品知识库、观众主题库等，通过建立数据中台将数据进行统一和集中的管理，横向打通各个业务系统的壁垒，实现数据资源的互联互通。其次，搭建基础的智慧博物馆"云平台"，有关云平台支撑硬件采购要量体裁衣。因为硬件的成本在不断下降，没必要在一开始就投入大量经费，遵守"适度超前，弹性扩充"的原则，只要架构设计合理，后期进行硬件的扩充是非常容易的。

（四）数据共享开放，确保数据安全

应逐步推动建设跨部门、跨区域、跨行业"物理分散、逻辑互联、全国一体、交互共享"的云平台。首先，在智慧博物馆建设过程中，应加强交流互通，共享平台架构、系统接口、数据开放共享标准、安全规范等内容，保障和促进智慧博物馆有序、健康、可持续发展。其次，鉴于我国博物馆发展理念，文博行业数据的开放不能一蹴而就，应该分级分类分权限，确保数据的安全。最后，大数据时代用户隐私数据的安全是一个重要问题，需要从等级保护、安全设备等多个方面进行考虑。

（五）资源跨域链接，数据融合创新

博物馆实现数据—信息—知识—智慧的转变，需要借鉴互联网共建共治、众包等理念。对于一家博物馆来说，即使将海量、多源、异构的文博领域数据，通过自然语言处理、大数据分析技术等组织起来，也很难形成能够支撑文物和博物馆各项业务需求的知识表达和呈现体系。因此，应通过标准化的接口与行业机构，包括国内外博物馆、图书馆、档案馆、文物研究机构等相互关联，在更大范围内实现知识的跨域链接，构建文物知识图谱体系，以数据服务的方式把完整、多维、准确、具有权威性的数据开放共享，推动知识图谱、数字人文领域的研究等，更好地实现博物馆教育和研究功能。

大数据时代，我们亲身经历信息技术为社会带来的变革，这是一个数据无处不在、网络无处不在、计算无处不在，软件定义一切的时代。博物馆亦不能置身事外，智慧博物馆建设是必然选择。智慧博物馆作为一个以核心业务需求为导向，创新科技发展的有机体，必将随着技术的发展，不断迭代演进，为博物馆可持续发展提供源源不断的创造力。

第五节　博物馆集群化发展模式与协同创新多元云架构

随着云、AI、5G、IoT 等新技术的兴起，博物馆进入万物互联的智能时代，协同集聚新体验、新应用、新行业势在必行。通过对博物馆集群化发展模式与协同创新多元云架构的研究，希冀整合、升级数字藏品及相关知识生产全程的汇聚与处理能力，形成统一架构下知识与业务的交互，最终形成协同化的智慧新应用。

截至 2018 年年底，我国共有 5354 家博物馆，由于我国政府更逐步加大对文化产业的推动和扶持，预计未来我国新增博物馆的数量还会持续增长。伴随着博物馆数量的扩增和规模的扩大，近几年来我国出现了博物馆集群理论的研究热潮。博物馆集群化理论基于产业集群理论发展而来，指的是通过将多个博物馆及其相关机构相聚集，并融合各个博物馆的传统业务和特色业务，最终实现共同发展。通过博物馆集群这一全新的发展途径，各个不同类型、不同规模的博物馆可以发挥其各自优势，并通过规模效应为全社会提供更丰富、更多元化的文化服务，实现由"量"到"质"的飞跃。在"互联网+"的大背景下，计算机技术、网络技术带动了博物馆的数字化、共享化，如何在博物馆的协同发展中，运用多云架构技术实现优势互通，更大程度发挥博物馆的文化价值和社会价值，是当前亟待解决的一项难题。

一、研究背景

虽然博物馆等文化机构数量在不断增加，但问题也随之而来，其中关键的几个问题包括资源分配不均衡、资源利用不透彻、场馆同质化严重、集成创新能力低下、博物馆缺乏与其他社会文化机构的有效联动。

这些问题的产生，原因是多重的。首先，在博物馆与观众之间，资源分配的不均衡以及造成了目前较为严重的供需矛盾。其次，在博物馆内部，大量的文物资源并没有被充分利用起来。这些资源既包括实体资源，也包括博物馆所收藏的海量数字资源。最后，博物馆与博物馆之间，博物馆与图书馆、美术馆、社区文化活动中心等其他社会文化机构的联动并不频繁。致使博物馆在某种意义上，并没有起到文化中枢的作用。

二、博物馆集群化发展模式研究

如何解决这些问题，"博物馆集群化发展"不失为一种有效的解决路径。"博物馆集群化发展"是指各博物馆及相关文化机构资源共建共享，通过生态体系和机制建设，提升自身的创新水平及以"大馆带小馆"形成集成创新能力，丰富博物馆文化消费内涵，巩固博物馆与其消费者的情感关联，同时对社会可持续发展做出有价值的贡献。

从集群化发展的协同关系来看，主要有四种模式：供应链补充型、资源共享型、优势互补型、蛛网辐射型。而根据博物馆主体特性，我们将博物馆集群化发展模式分为两类四种。

（一）垂直模式

（1）先因性垂直管理模式：由政府、相关机构或者实力强大的博物统筹安排，在成立之初就计划构建包含多个博物馆和组织机构的博物馆集群化框架，根据此框架，在发展的过程中逐步建立多个博物馆，最终形成一个全新的有机博物馆集群。以美国史密森尼学会为代表，1846年成立的史密森尼学会在建立之初就已经确认集群化发展体系。如图6-1所示，目前已发展为拥有包括19座博物馆和美术馆、1个国家动物园、9个研究院、20座图书馆，并且在巴拿马、波多黎各和美国44个州有199座附属的博物馆，拥有藏品1.4亿件，是目前世界上最大的博物馆系统和研究机构的集群体。以理事会为核心机构，包括运营零售、媒体、产品开发、特许服务等商业内容。同时明确在合作网络中各个博物馆的定位、角色、责任以及互相之间合作的内容和领域。

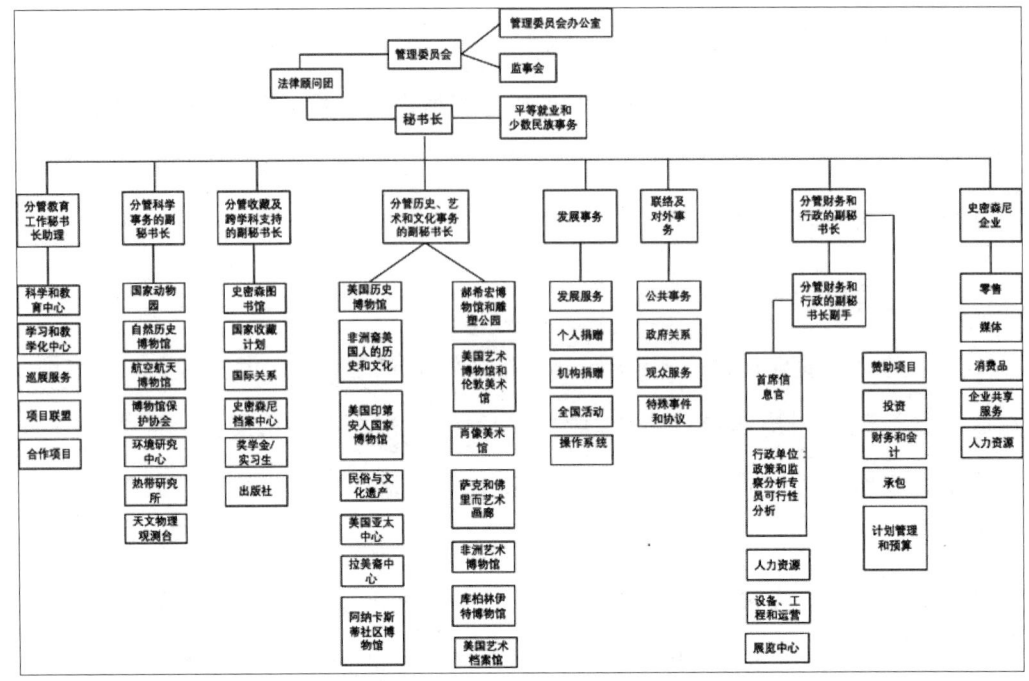

图 6-1 史密森尼学会管理模式框架图

（2）后因性垂直管理模式：单独发展的博物馆，在发展到一定程度陷入困境时，需要由政府、有关机构或者是其中一个实力强大的博物馆牵头，将各个博物馆整合成为一个博物馆集群体，各博物馆接受核心机构的统一管理。英国利物浦博物馆和德国博物馆岛即为此种管理模式。

（二）水平模式

（1）服务型水平合作模式：通过核心馆的资源和品牌影响力，帮助聚集的中小型场馆发展，资源实现合理配置的同时提升自身优势。如新西兰国立蒂帕帕博物馆即是典型代表。

（2）共享型水平合作模式：如图 6-2 所示，该模式下没有绝对主导的核心场馆，而是通过协同合作，分享资源，最终达到共同的发展。比如，意大利托斯卡纳博物馆就是共享型水平合作模式的代表。

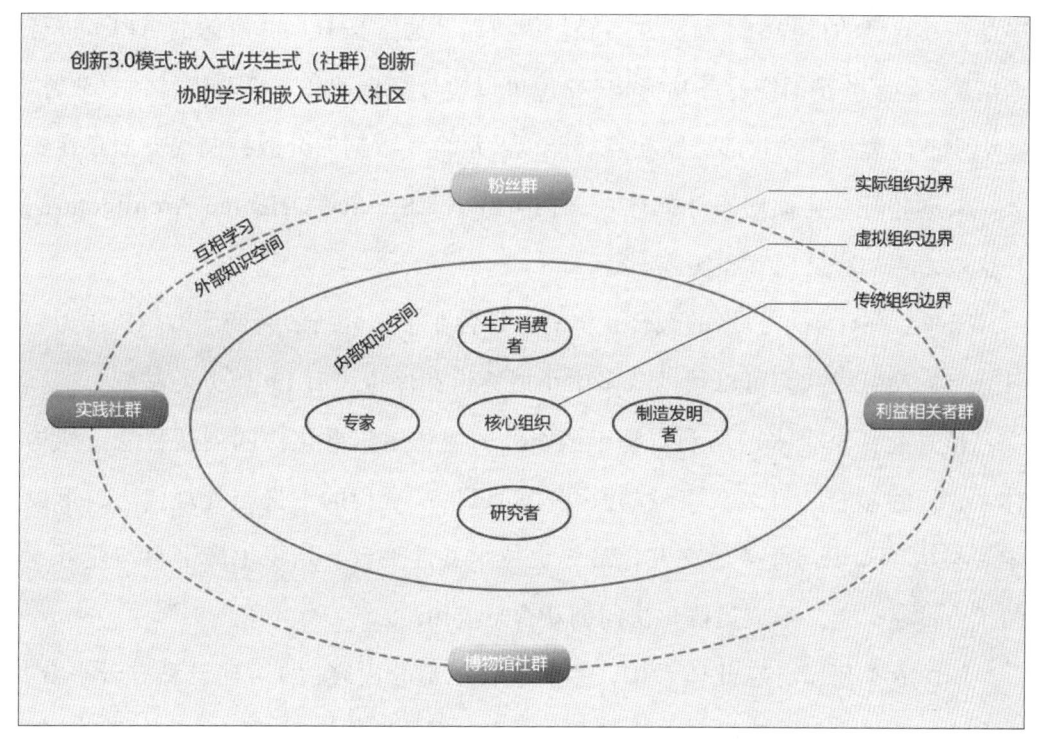

图 6-2　共享型水平合作模式

三、基于微服务的博物馆集群化协同创新多元云架构研究

博物馆集群化协同创新体系建设是一个庞大的系统工程，立足从博物馆数字资源共享与创新服务的角度，提出"基于微服务的博物馆集群化协同创新多元云架构体系"。

众所周知，数字资源及产品具有可复制的特点，并且不限于时间、地点。目前国内领先的博物馆，对于本馆文物、展览资源或多或少都进行了开发和利用。譬如故宫博物院官方网站提供的数字资源库，各类主题 App、壁纸等。上海博物馆则推出了经典数字专栏"每月一珍"、各种主题网展及 App、远程教育课堂等内容。而这些优质内容往往缺乏宣传，虽然在博物馆爱好者中有口皆碑，但并不完全为大众所熟知。除此之外，博物馆还有大量的资源并没有被开发利用，而且数字资源的开发形式也较为单调，缺乏创新与突破。

微服务架构是一种将单应用程序作为一套小型服务开发的方法，每种应用程序都在其自己的进程中运行,并与轻量级机制(通常是 HTTP 资源的 API)进行通信。这些服务是围绕业务功能构建的,可以通过全自动部署机制进行独立部署。围绕业务能力,自动化部署,端点智能以及语言和数据的分散控制等方面存在着某些共同特征,比面向服务的体系架构(SOA,Service Oriented Architecture)轻量级,更加容易理解和实施。

云+AI+5G+IoT 技术的融合,将给各行各业带来全新的裂变。SAAS 作为一种新兴的交互模式,可以帮助众多中小博物馆在保持原有 IT 服务的基础上,享受到信息化变革带来的便利。基于微服务的博物馆集群化协同创新智慧云架构体系,通过整合、升级数字藏品及相关知识生产全程的汇聚与处理能力,形成统一架构下知识与业务的交互,最终在技术共性平台、知识生产平台与业务支持平台的基础上,形成集群化协同创新智慧应用。

如图 6-3 所示,在此体系中,主要包含三部分内容:(1)建设私有云平台。在各个博物馆内部,建设自由的云平台,将独有的博物馆服务信息封装成云计算服务。这方面服务不仅可直接对公众开放,还可以允许混合云平台访问,这有助于信息共享互联。(2)建设行业云平台。A、B、C 等多个博物馆,通过服务信息的共享集成,共同形成行业云平台。在行业云平台上,将网格存储、数据挖掘、搜索引擎等服务与传统的博物馆服务相结合,可实现联合索引、资讯互通、文献传递等协同优势。(3)建设 SAAS 模式下的管理服务系统。通过该系统,个人用户可直接享受到信息检索、展览库、知识库、内容存储等基础服务,还可享受到专家咨询、知识推送、数据分析等高端化服务。除此之外,利用向公众开放的管理服务系统,提供知识订阅、商业分析、决策咨询等托管模式的知识服务,可满足企业、个人与博物馆三者间的全方位需求。

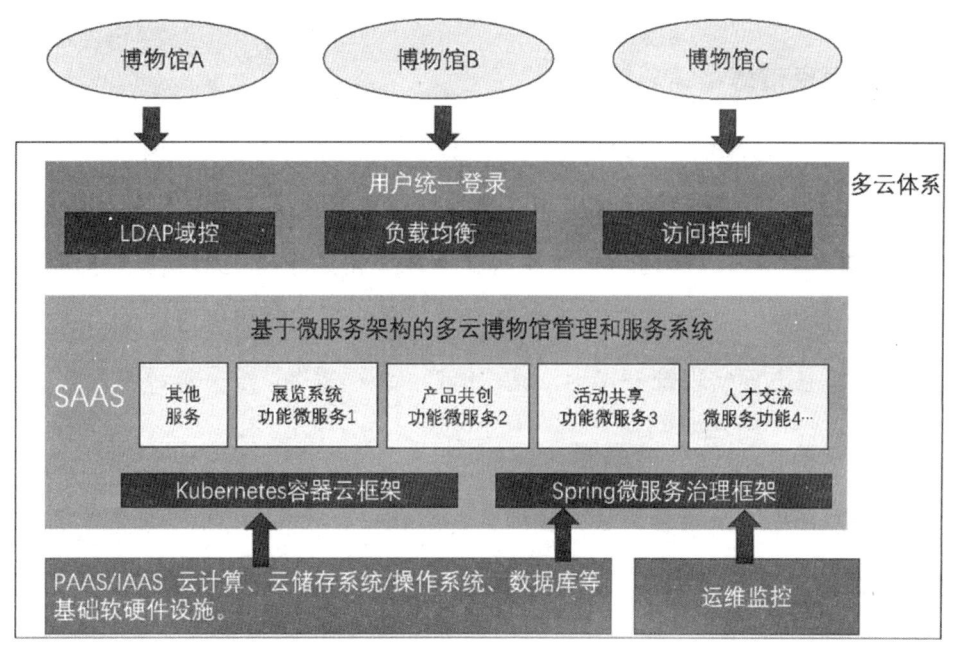

图 6-3　基于 SAAS 模式的博物馆微服务云架构图

通过这种体系可最大限度发挥智慧协同应用：

（1）教育活动共享。现阶段我国博物馆可分为历史类、艺术类、文化社科类、自然科学类等多个类别。各个不同类别的博物馆可以通过数字平台合作编写综合性、系统化的教育教学资料，使得青少年儿童能获取全面的知识。

（2）藏品资源共享。我国不同类型的博物馆拥有不同的藏品，博物馆之间可通过共同策展、数字巡展等方式，达到藏品资源共享。

（3）文创开发共享。我国博物馆可利用人工智能、AI、AR、VR 等先进技术，打造文创品牌，共建文创基地，实现文创开发共享。

四、探索博物馆集群化发展的案例

中国博物馆在集群化发展方面也已经进行了大量探索，尤以南京市博物馆总馆以及长三角科普场馆联盟为代表。博物馆集群化发展效果显著，受到业内的认同，在科技场馆、社区建设发展过程中获得重视。着眼于博物馆集群化发展，理性审视博物馆发展现状，分析存在制约发展的因素，促使博物馆事业得到长足发展与飞跃。

（一）南京市博物馆总馆

南京市博物馆总馆是较为典型的后因式博物馆集群，由南京市博物馆、太平天国历史博物馆、中国共产党代表团梅园新村纪念馆、南京市民俗博物馆、渡江胜利纪念馆、江宁织造博物馆、六朝博物馆以及南京市考古研究所、南京市文化遗产保护研究所九家文博单位合并成立为一家新的副局级文博单位。在人事、财务、管理等三方面实现统一规划、统一预算、统一采购、统一资源管理与服务。

（二）长三角科普场馆联盟

除了行政构架上的垂直管理模式外，资源共建共享的场馆联盟也是目前长三角地区尝试的集群化发展模式。联盟将秉持共商、共享、共赢的理念，不断推进落实场馆间教育、展示、收藏和研究等各方面的深入交流，形成"产—学—研—用—展"一条链，实现馆间、馆企、馆研、馆校协同发展，推动长三角一体化发展和具有国际影响力的世界级城市群的建设。随后，八家发起场馆共同签署了《长三角科普场馆合作框架协议》，联盟成员间还签署了52份共享课程合作协议、12份临展合作协议、17份文创产品合作协议。

（三）"一带一路"文化融合发展

除了已经成型的场馆联盟外，"一带一路"文化融合也是不能忽视的博物馆集群化发展重点。博物馆作为文化传播主阵地之一，其拥有的文物资源承载着"一带一路"沿线地区人民的共同记忆，也是"一带一路"沿线国家作为互利共赢"利益共同体"和共同发展繁荣"命运共同体"的历史依据。博物馆作为"一带一路"建设的有力载体，可以建立起文化交流平台及合作机制，尝试集群化发展，充分利用博物馆资源，成为连接不同文明对话与信任的情感纽带。

（四）社区化博物馆

社区化博物馆并不是指开在社区的博物馆，而是指博物馆与社区或类似的文化机构合作，对博物馆馆藏资源进行开发与分享、展示。为社区文化机构提供优质的文化产品及服务,一方面充分开发利用馆藏资源,另一方面与社会机构合作推动文化服务的有机发展,同时能够满足观众日益增长的对优质文化服务的需求。

以上海市为例,根据上海市社区文化活动中心官网所得,目前上海市共有文化活动中心230座,其分布也较为均衡,按照区县面积,平均每个区县的文化活动中心数量保持在10~20座之间。同时社区文化活动中心还具有标准化的运营条例,以及年度优秀中心的评选标准。社区文化活动中心所提供的服务在官网上也可以清楚地查询并预约。以黄浦区五里桥街道社区文化活动中心为例,该活动中心提供的服务包括社区学校、文艺演出、讲座、展览展示等15项服务内容。同时该活动中心还与上海博物馆曾多次合作举办讲座活动。但并非所有的社区文化活动中心都能够提供同样质量的文化服务,文化服务的缺口仍然是它们面临的巨大问题。由于缺乏高质量、具有竞争力的文化服务,许多场所都没有被充分利用起来,当地的居民也难以享受到社区服务的便利。

博物馆集群化协同创新发展的前景是光明的,正如《博物馆集群化发展的综述及思考》一文所说:"博物馆事业长足发展飞跃并不仅看每座城市人均拥有的文化场馆数量,更看重其对社会教育、人文传承、文化发扬等方面所做出的贡献。"参考现代经济学和企业管理学,利用产业集群后形成的规模效应,可使集群成员获得效益最大化、成本最低化。文化事业大发展大繁荣被提出后,"文化产业"亦成可循之路,博物馆作为文化产业中实体单元之一,可以大胆尝试"博物馆集群化"这种新发展思路。博物馆集群化协同创新发展可以最大限度上解决资源分配和管理上的不均衡,弥补人力、藏品、财务以及信息资源不充分的缺憾。但是也要警惕在合作中容易出现的因发展不均衡而产生的协调困难以及产业化发展中利益诉求和博物馆本身非营利组织本质矛盾的问题。

在博物馆数字资源的开发与应用上,国家文物局日前印发了《博物馆馆藏资源著作权、商标权和品牌授权操作指引》这一试行条例,这也意味着未来博物馆数字资源开放将会步入规范化的时代。另外,尤其是在5G落地的当下,博物馆的数字资源可以用更丰富、更高质量的形式进行共享与创新服务。

第六节　5G时代智慧博物馆的发展畅想

随着时代的发展，我国各方面已经取得了明显的进步，5G时代的到来给各方面的发展带来了契机，在5G时代下构建智慧博物馆显得尤为重要。本节从我国博物馆建设现状入手，主要讨论在当前背景下构建智慧博物馆的意义、出现的问题以及相关的解决措施，不断加快智慧博物馆的建设。

一、5G的概念和特点

5G全称5th Generation Wireless Systems，是第5代移动通信技术，是蜂窝移动通信技术4G（LTE-A、WiMax）、3G（UMTS、LTE）和2G（GSM）系统新一代的延伸。越来越多终端设备接入和新的应用上线，使得移动网络数据流量持续上升。移动数据流量的暴涨给网络带来严峻的挑战，造成网络能耗和比特成本升高，对稀缺的移动通信频谱需求进一步加大，并难以实现频谱和网络资源的高效利用。5G的问世将成为解决这些问题的关键钥匙。目前移动网络频段绝大多数都在2.5 GHz以下的低频空间，而5G技术将会使用24.25 GHz~52.6 GHz高频频段，搭载毫米波，其具有非正交多址接入技术（Non-Orthogonal Multiple Access，NOMA）、FBMC（滤波组多载波技术）、波束赋形、大规模MIMO技术（3D/Massive MIMO）、D2D等先进的通信技术，能够承载更多的资源，自然也会达到更快的速度，从而达到超高速网络。

国际标准化组织3GPP为5G定义了三大应用场景：eMBB、mMTC、URLLC，是从实际应用层面对5G的几个主要特性做出了具体的阐述。

（1）eMBB（enhanced Mobile BroadBand）增强移动宽带，顾名思义，是对原有的移动宽带在用户体验、系统性能等技术指标上进行强化，最直接的体现就是移动通信网络的网速大大提升。5G的理论速率，国际电信联盟ITU公布的标准为峰值数据下行速率可以达到20 Gbps（2 500 MB/s），上行速率可以达到10 Gbps（1 250 MB/s）。Open Signal发布的报告显示，现阶段全球4G网速平均值为 16.9 Mbps（2.11 MB/s），4G 网速最快的国家有着 45 Mbps（5.625 MB/s）左右的平均速率。所以 5G 的网速相比 4G 时代将得到跨越式的发展。此外，超高网速将对 3D、VR、超高清视频等大流量移动通信业务的推广和应用提供有力支撑。

（2）mMTC（massive Machine Type Communications）海量机器类通信，既 5G 网络可同时覆盖连接大数量、高密度的终端设备，国际电信联盟 ITU 对 mMTC 应用场景公布的标准为至少 100 万部终端设备/平方公里，如此大的终端连接密度让 5G 对于大规模物联网等行业十分重要。5G 技术使泛在网和万物互联的实现成为可能。越多的终端设备并接入网，越是存有对移动网络广泛存在的需求，如此才能拓展更加丰富的业务与服务，实现更多的场景应用。同时，若要支持大规模物联网应用，实现万物互联，就必须要促使终端设备降低功耗，例如让终端设备一周充一次电，甚至一个月充一次电，如此才能改善用户体验，推动 5G 技术在智慧城市、农林业智能化、环境治理与检测、大规模物联网等领域的普及应用。

（3）URLLC（Ultra-Reliable and Low Latency Communications）超高可靠和低时延通信，简而言之，即降低移动网络通信的延时，保障通信连接稳定可靠。国际电信联盟 ITU 规定 5G 的时延应低至 1ms，因此 5G 技术在远程教育、远程医疗、无人驾驶、应急处置等方面具有广阔的应用前景。例如，5G 的一个重要应用场景就是无人驾驶。众所周知，现在的无人驾驶还无法解决的问题之一就是对网络连接高可靠和低时延的超高要求，连接的不稳定和紧急时刻的延迟反映到实际使用中，可能就是无法挽回的惨剧。而 5G 的低延时和高可靠特性将使 URLLC 在无人驾驶智能控制、远程交通调度等业务方面拥有很大潜力。

二、5G 时代背景下建设智慧博物馆的必要性

（一）我国智慧博物馆建设现状

目前，我国博物馆信息化建设大多处在数字博物馆的建设时期，一般做法是将比较珍贵的藏品以数据库的方式有序整合起来，通过互联网让观众可以远程

欣赏到博物馆的珍贵藏品，打破时间和空间的限制。国内很多博物馆已经实现了数字化藏品的工作模式，也正慢慢建立起数字化资源与观众的双向交互模式。智慧博物馆在国内正处于起步阶段，其智慧化建设主要依托国内大数据、云计算、人工智能等一系列新兴的技术，以互联网为媒介，从而实现智慧化的工作模式。

（二）建设智慧博物馆的意义

我国目前已进入推动全行业智慧化时期，各行各业都在积极地推进数字化、智慧化技术在本行业的广泛应用，不断地构建出新的产业格局。博物馆因受各种因素的影响，不仅在智慧化发展方面相对缓慢，甚至有些博物馆还在信息化起步阶段徘徊，与国家文化大繁荣的发展极不相称，极大地限制了博物馆的文化传承、藏品管理、文物保护等职能的发挥。随着国家文化大发展、大繁荣的兴起，博物馆作为历史文化重要载体的地位越来越重要。面对5G时代带来的智慧化发展的新机遇，博物馆应加快从传统博物馆与数字博物馆向智慧博物馆转变的步伐，让沉睡的文物"活起来"，让凝聚千年的传统文化获得新生。

（三）5G时代的到来对智慧博物馆的内在要求

相比4G而言，5G不仅是拥有更快的数据传输速率，而且是大数据时代由一种质态向另一种质态转变的全面多领域的变革。首先，5G相较于4G，在传输速率方面，5G峰值速率为10~20Gbps，提升了10~20倍，用户体验速率有0.1~1Gbps，提升了10~100倍。其次，5G打破了目前以手机、iPad等媒介为载体的限制，转而以人为中心，人类不再仅仅是利用互联网，而是置身于网络之中。

因此，在5G这样的网络背景下，对智慧博物馆建设提出了更高的要求，其中最重要的是对数据资源整合提出了更高的要求。智慧博物馆在大数据的获取方面要有更新的手段，在馆藏等资源数据的整理方面需有更完备的信息，藏品、展览、活动、场地、参观者以及工作人员的各部分数据需要更高效的整合。不过5G时代的到来，在迫使我们对传统博物馆做出相应的改变和优化的同时，让博物馆科学、高效地建立智慧化模式进入新的阶段。

三、5G 在博物馆的应用前景

今天,口袋影院、口袋商城、口袋医疗等各种类别的移动终端应用迎合了我们对生活便捷、高效、品质化的追求,人们不禁想到如何把蕴藏着丰富的历史文化资源的博物馆也收到口袋中,成为私人的文化会客厅和小学堂。作为历史文明的见证者和传承者,博物馆也在积极推进数字化、信息化建设进程,用影视、综艺、社交媒体等方式不断诠释历史文明在新时期的新定义、新价值。博物馆未来的发展趋势也在数字化的基础上逐步走向智慧化、智能化。随着 5G 的到来,博物馆将迎来智慧化发展的新机遇。2019 年 6 月 6 日,工信部正式向中国移动、中国电信、中国联通和中国广播电视网络有限公司正式发布 5G 牌照,这意味着中国正式进入 5G 商用元年。5G 开辟了新的蓝海,成为未来信息技术产业发展的"兵家必争之地",或许将成为开启博物馆智慧化时代的宝藏钥匙。日前,由中国移动咪咕公司与湖南省博物馆联手打造的全球首家 5G 覆盖的博物馆已于 2022 年 5 月 18 日国际博物馆日正式亮相;早些时候华为公司也与故宫博物院签署战略合作协议,双方将在建设智慧化故宫、推广 5G 应用等领域深化合作。可见,在未来会有更多的电信、互联网等信息技术企业加入与博物馆在 5G 应用领域深化合作的行列,深度挖掘优质的历史文化资源及博物馆自身潜在价值,从 eMBB、mMTC、URLLC 三大 5G 应用场景方面积极探索和融合,推动博物馆由数字化逐步走向智慧化的发展轨道。

一是利用好 eMBB 的高速度特性。当前许多博物馆已经就展览的形式和内容在数字化领域进行了许多积极的探索,从动漫、游戏、自媒体视频、社交平台推送等多种视角和途径的尝试中取得了可喜的成绩。5G 技术的到来则会进一步加强博物馆对 3D、AR/VR、全息影像、超高清视频等前沿技术的融合和应用。这类数据流量大、网速要求高的媒体形式也急需 5G 技术落地来解除其广泛应用的瓶颈和禁锢。有了 5G 的支持,观众可以通过 VR 漫游穿越时空,或亲临旌旗密布,杀伐决断的古代疆场;或师从名工巧匠,见证传世瑰宝的前世今生;或于溪谷,踏雪执剑,寻琴箫幽幽;或于宫廷,雕栏玉柱,览世间繁华……这种

5G+AR/VR 的技术让历史场景和文物原貌得到了还原，打破空间与时间限制的观展方式，刷新了观众对文化体验的认知，突破了物理边界，让观众发掘文物不再是冰冷的陈列，而是一个个活的故事，给观众带来更生动、新颖的沉浸式观展体验，从而促进博物馆蕴藏的文化内涵和价值得以升华。

二是发挥好 mMTC 的广覆盖优势。终端设备的大面积高密度覆盖连接是 5G 的另一个重要特性。5G 的这个特性将为泛在网、万物互联的实现提供有力支撑。利用 5G 技术，在博物馆内部署大量的传感器，可以实现展品和文物多层次、纵深化的管理模式，例如在中心层次可以给展品和文物佩戴上"智能穿戴设备"，让展品和文物实现实时在线管理，并通过传感器不断地对温度、湿度、空气中含氧量、紫外线强度等数据实时监控；在中间层次，即文物所处的囊匣、包裹、箱柜也实时连接在物联网内，文物的搬运工具、测量和修复设备都处于在线管控状态，随时随地可感知文物的位置、状态、修复进度等信息；在展陈区域或藏品库房等外部层次管理中，有更多的数据将被采集，如观众密度、空气质量、火灾隐患检测、是否携带危险品、电梯设备的维护保养等。可以说，我们身边的设备、家居、车辆、基础设施、公共服务等将都将被网络连接起来，因此 5G 将成为博物馆内人身安全、文物安全、场所安全、公共服务评价等评价指标的重要支撑。

三是应用好 URLLC 的低时延性能。URLLC 应用场景具有低时延、高可靠性的特性，数据时延不超过 1ms，是 5G 中最为重要的一个特点。博物馆在 5G 技术的帮助下，可以在更多领域发挥潜能，例如在远程考古发掘现场，通过 5G 技术可以让博物馆的学者和专家在网络上实时地参与整个发掘的过程；在文物修复过程中遇到了难点，工作人员可以通过 5G 获得实时的在线技术支持等。此外，有了低时延、高可靠的技术加持，5G 对于博物馆安全工作也十分重要。博物馆内部署的大量安防、消防的探测器和传感器可以更快速更准确完成动态响应；4K 高清视频也能毫无延迟地将现场图像实时转播到监控平台上；在 AI 智能、深度学习方面取得更多的建树，让未来的安防机器人在博物馆内实现远程控制、自动巡逻、应急处置等智慧化功能。

四、5G 在智慧科技馆中的作用

(一)5G 技术的特点

5G 即第 5 代移动通信技术，是当今最新的蜂窝移动通信技术，其主要特点是高容量、高速率、广连接、低延时、低能耗和低成本。5G 可将信息的运送速率提升到 20 Gbit/s，将延时降到 1ms 以内，为速度 500km/h 的终端设备提供稳定服务，在每平方千米面积上连接 100 万个用户点数，达到物联网需要的通信环境。凭借这些特点，5G 将最终构建一个万物互联的智慧世界，提供给用户更加人性化的服务和更加便捷的生活，这就为智慧科技馆的设计提供了更多可能。

(二)5G 的展示作用

5G 在科技馆中首先具备展示作用，作为当今世界最先进的移动通信技术，5G 在技术和社会的应用颇广，这些应用本身就是科技馆需要向观众展示的对象。以湖北省为例，湖北联通与武汉亚心总医院联合成立 5G 智慧医疗联合创新基地，实现了"5G+智慧医疗"的 AR 远程医疗技术；中国联通与华中师范大学联合发布"5G+智能教育"行业应用，实现了武汉和福州两地"5G+全息投影"的物理公开课。为展示 5G，湖北移动、湖北联通等运营商建设了专门的 5G 展示厅，用于展示 5G 在远程医疗、远程教育、交通、旅游等场景中的应用。

(三)5G 的服务作用

5G 更重要的作用体现在为智慧科技馆提供支撑。高容量能为峰值时在馆的万人提供稳定的移动网络，能为线上用户提供稳定服务；高速率能为 4K/8K 超高清影像、虚拟现实/增强现实（VR/AR）设备、人脸识别摄像机、智能系统集成和互联等提供强大的数据传输效能，为智能应用的人工智能算法提供强大支撑；广连接能为观众大量的移动终端、场馆的智能应用、庞大的数据采集设备提供物联网级别的可能，使智慧科技馆中人、物、环境的动态连接成为可能；低延时能为自动驾驶、远程精准操作等互动装置提供可能，能突破云端传输局域网有效范围的距离限制为高清直播提供保障，能为数字科技馆的 360° VR 全景漫游、VR 实景操控提供稳定服务；低能耗和低成本则能极大降低智慧科技馆的运营成本。后文在涉及具体应用时会举例说明。

五、5G 时代的智慧科技馆设计

智慧科技馆的设计是一个庞大的、可进化的系统工程，需要在充分利用 5G 的同时，实现科技馆的社会功能，可从多方角色需求、基本构成内容、总体技术架构三方面进行。

（一）多方角色需求

智慧科技馆是以服务人为核心的，首先要明确科技馆相关方需要什么。作为提供科学传播和科学教育的公共服务机构，科技馆的受众是以青少年为主体的社会公众，包括线上观众和现场观众；设有不同的部门，有不同岗位的工作人员；有馆领导和分管领导，负责管理整个科技馆的业务；同时有展品服务商、教育活动服务商、办公设备服务商等多种服务商。因此，观众、工作人员、管理人员、服务商为单体科技馆的主要相关方，他们之间的主要关系见图 6-4。

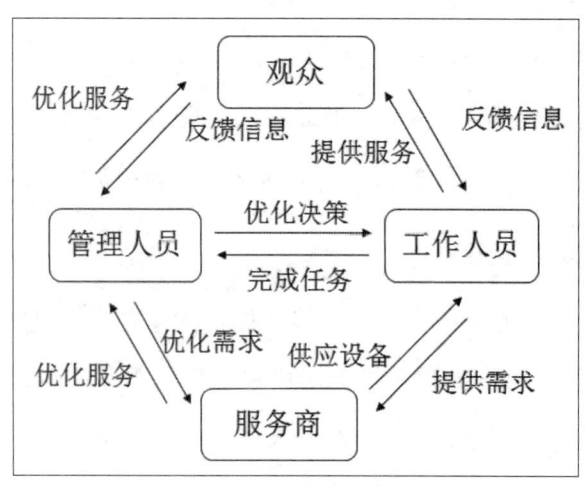

图 6-4　单体科技馆相关方之间的关系

1. 观众的需求——参观线

观众对科技馆的需求是科技馆发展的动力，根据马斯洛需求层次理论，观众需求可从参观前、参观中和参观后三方面进行分析，见表 6-1。

表 6-1 观众需求

时期	观众需求		
参观前	引流	入口	准备
参观中	学习	体验	休闲
参观后	社交	获得感	参与感

参观前是引流、入口和准备的需求。引流是指让观众了解科技馆，并产生参观欲望；入口是指观众可通过线上和线下方式，进行查询、预约、购票等操作；准备是指交通查询、线上导览、查阅攻略等准备工作。

教育、研究和欣赏为博物馆的主要功能，观众在参观科技馆中的需求则对应学习、体验和休闲，其中还隐藏着安全、文明、舒适等底层需求。学习被认为是观众进入科技馆的首要需求，学习包括阅读、观看、操作等自主学习，主题讲解、科技辅导等半自主学习，参与教育活动、听科技讲座等集体学习；体验指包括"做中学"、展品互动、专业探索等获取直接经验的参观；休闲指得到生理、心理等方面的享受和放松。

参观后是社交、获得感和参与感的需求。社交是指参观完科技馆后在人际交往中产生有关话题；获得感是指参观完科技馆后自己某方面的视野、知识、能力和兴趣得到提升；参与感是指感受到自己的事业与人类科技事业的关联，以及对科技馆等科学教育场馆的认可度等。

2. 工作人员的需求——工作线

工作人员在不同部门和不同岗位有不同的职责与需求，但是基本需求都是高效、便捷、准确、圆满地完成工作任务，部门的数量决定了工作线的数量。以中国科学技术馆为例，科技馆一般设有办公室、人力、财务、后勤和安保等综合管理部门，以及展览、活动、科研、网络等业务部门。

管理部门的需求围绕人、事、财、物等核心要素。办公室和人力部门的需求是对"人"和"事"的信息化，包括在线办公、电子档案、智慧党建、人事管理系统；财务部门的需求是对"财"和"物"的信息化，包括电子对账、简化报销流程等；后勤部门和安保部门的需求是对"人"和"物"的信息化，包括楼宇智能、电子巡更等。

业务部门直接响应观众需求。展览部门的需求是降低人工失误、提升工作效率，包括中控系统、智能导览、人机交互等；活动部门的需求是资源数据化、活动全平台化，包括活动资源库、专家库、志愿者库等，以及在线教育、社会教育的推广等；科研部门的需求是评估观众学习效果、科研管理在线化，包括展厅评估系统、科研管理平台等；网络部门的需求是搭建线上传播和服务平台。

3.管理人员的需求——管理线

管理人员是对科技馆有决策权的领导，其需求是实时了解信息、精确传达指令、快速收到反馈等，因此需要指挥平台，集成馆内已建成的各个系统数据，实现清楚展示、精准指挥。

4.服务商的需求——供应线

服务商需要在馆方授权的情况下接入系统，了解需要供货、维修等情况，以便提前做好运维保障准备。

（二）基本构成内容

了解相关方的基本需求后，需要提供相应的满足方案。为满足这些需求，智慧科技馆的基本构成内容应该包括智慧传播、智慧服务、智慧运营、智慧管理四个方面，基本内容见图6-5。

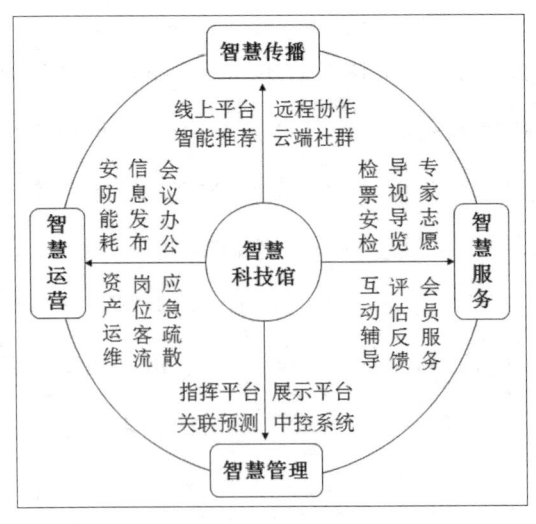

图6-5 智慧科技馆的基本构成内容

1. 智慧传播

智慧传播主要解决的是观众参观前的引流、入口和准备需求及参观中和参观后的部分需求，主要包括线上平台、远程协作、智能推荐、云端社群等内容。

线上平台包括官网、数字科技馆等互联网平台，App、微信公众号、小程序、微博、抖音等新媒体平台，主要起到线上传播和服务入口的作用。线上平台的功能设置以上海科技馆为例，官网功能包括展览、活动、影片、推荐路线、票务、预约、交通、服务设施等，微信功能包括展览、电影、交通、活动、资讯、购票、预约等。5G时代的移动设备将具备更强大的在线浏览和互动功能，因此可以在线上平台嵌入场馆360° VR全景，线上AR导览、AR特效等智能应用，方便观众浏览。5G时代的数字科技馆也应该大量使用VR和AR技术，将互动搬到线上，打造"永不闭馆"的线上科技馆。

智慧传播还包括传统媒体、中小学校、旅行社、其他场馆等线上途径，需要科技馆与相关单位共同经营，而共同经营除了公务联系外，还需要一个协同办公的远程协作平台。远程协作将极大提高科技馆与有关单位的合作效率，也将逐步积累科技馆的社会资源，科技馆将通过他们更好地向社会进行传播。5G时代能实现科技馆与其他单位之间的跨空间实时合作，例如湖北省博物馆与山东省博物馆通过5G技术实现曾侯乙编钟和"天风海涛"古琴的跨时空演奏，湖北联通与央视通过5G技术实现对武汉火神山医院的高清直播等。科技馆可以利用5G技术与有关部门合作，将环境监测数据、水文监测数据、自然保护区实时影像、交通数据等接入展示平台，让观众实时了解自然、交通等与生活息息相关却很难接触到的信息。

智能推荐包括两类：一是通过专家库、志愿者库将专业指导需求、志愿服务需求等推送给专家和志愿者；二是通过会员库、远程协作平台，将有关活动、特色展览信息推送给潜在观众和具有相关需求的单位。

云端社群是科技馆为忠实观众打造的线上交流平台，社群化传播是移动内容生产消费新模式。云端社群将建立科技馆与普通公众直接沟通和传播的渠道，让观众有获得感和参与感，也有利于科技馆提升服务水平。

2.智慧服务

智慧服务主要解决的是观众在参观中的需求，包括智慧展教。以观众的参观线来看，从进门、参观、休息到出门，大致会经历检票、安检环节，导视、导览服务，互动、辅导服务，评估、反馈环节，以及支撑的资源库、会员库、专家库、志愿者库等，基本内容见图 6-6。

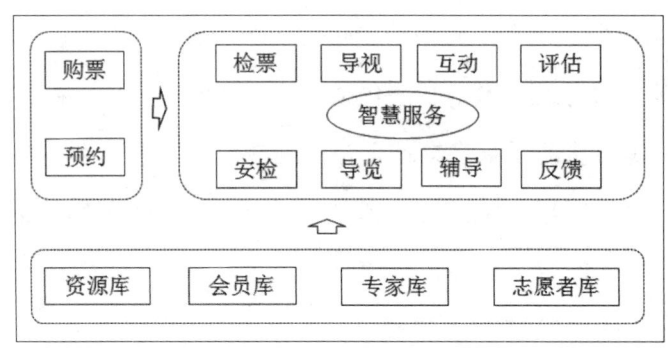

图 6-6　智慧服务基本内容

检票、安检环节。国家海洋博物馆将检票通道分为会员通道和非会员通道，会员可以从会员通道"刷脸"入馆，非会员可以通过现场购票或者使用手机二维码、身份证通过闸机入馆。这就需要观众参观前完成会员注册、购票或预约操作。为保障预约到场率，科技馆还可以考虑将连续两次预约不到场的人员设置成"黑名单"。

导视、导览服务。观众入馆后，首先可以通过大数据展示平台了解场馆信息、客流信息、展厅热力图、展项热度、影片和教育活动安排等重要信息；然后通过导视系统了解展厅和各个功能区的分布，通过导览系统规划参观路线，并且通过室内微型地图、精准定位了解自己所处的精确位置。智能导览系统还可以根据不同展览主题和对观众的人群画像，推荐参观路线和核心展项，完成主题展览的参观学习。

互动、辅导服务。在具体参观过程中，可以通过人机互动系统与展项进行智能互动，体验人工智能；通过小程序或 App 实现智能辅导，与科技辅导员一起完成"做中学"。人机互动系统和智能辅导系统主要解决的是科技馆中科技辅导员短缺所导致的观众学习不足的问题。

评估、反馈环节。科技馆的教育效果评估仍处于起步阶段，主要难题是如何在不干预情况下获得观众的学习数据，智能评估系统能在观众允许的情况下将观众的对话、表情、行为等要素数据化，并提取关键学习数据，供评估人员进行专业评估。反馈系统则是为观众在参观完或参观过程中通过终端对场馆的各项服务进行评价，用以提升观众的参与感。

资源库、会员库、专家库、志愿者库等是智慧服务的数据基础。只有当展览、活动、会员、专家、志愿者等信息成为数据库后，智能应用的算法才能读取和使用。

3. 智慧运营

智慧运营解决的是维持科技馆正常对外服务和对内管理的有关需求，大部分为智能楼宇内容，基本内容见图6-7。

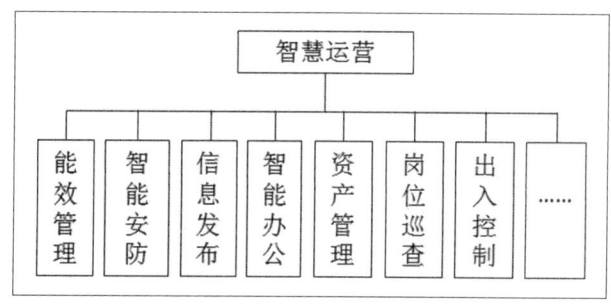

图6-7 智慧运营基本内容

能效管理，主要为精确控制空调、灯、办公设备、展品等耗电设备。具体方法就是通过智能设备监测办公室和展厅温度，在无人或人较少时精准减少空调用电量，人员全部离开办公室时灯断电，展厅人数较少时取消展品待机。

智能安防，主要包括场域安防、灭火系统、红外围栏、电子巡更、失物寻回、拥堵疏散、人员追踪等功能。人员追踪功能通过人脸识别监控抓取人员头像，绘制参观轨迹，然后锁定当前位置；甚至能在入口处实现儿童与亲人的配对，在出口处发现儿童与携带者不一致时触发警报。

信息发布，科技馆的信息发布包括公共广播、屏幕等。信息发布智能管理系统能够做到对发布内容进行智能审查，发现问题时立即上报工作人员二次确认；公共屏幕采取封闭式后台管理和智能审查。

智能办公，包括 OA 系统、智能会议系统等。OA 系统嵌入在线办公、公文、人事、考勤、档案等多项功能，并且实现与有关单位的 OA 系统对接。智能会议系统包括会议室预约、会务信息发布、会议纪要生成等。

资产管理，包括固定资产的全生命周期记录，以及展品的使用情况记录、维修工单生成与处理等。

岗位巡查，对安保人员、展厅辅导员的在岗情况进行监督，保证观众的正常参观。

出入控制，具备人流预警、人群画像等功能，根据馆内情况实时调整出入口状态，确保人数不过载和突发情况应急处理。

4. 智慧管理

智慧管理解决的是科技馆多方角色需求的顶层设计和综合管理，包括指挥平台、展示平台、展厅中控系统、关联预测系统等。

在一些场馆中，指挥平台被设计成馆长驾驶舱、中央控制大厅。馆内所有智能化系统的数据均被集成到指挥平台形成图形和数据，通过大型 LED 屏幕实时展示出来，基本情况如图 6-8 腾讯滨海大厦"微瓴平台"所示。管理人员可以通过指挥平台查看数据、下达指令。

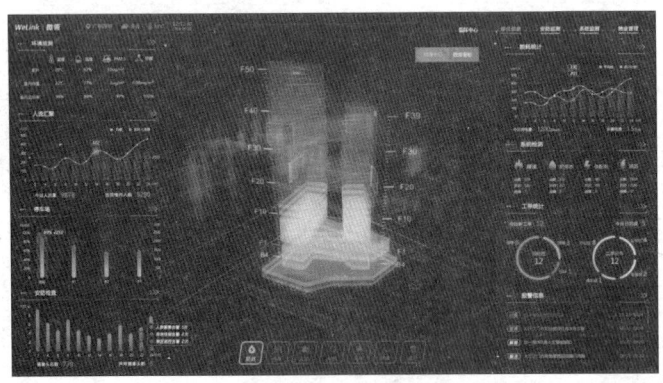

图 6-8　腾讯"微瓴平台"管理界面

展示平台放在展厅中，向观众展示相关数据图，展示场馆的信息化程度。展厅中控系统，实现展厅展品一键开关机、实时监测展品运行数据等功能。关联预测，实现各系统的数据交叉分析、外部数据与系统数据的关联分析，达到提前预测、提前预警、提前决策的目的。这三个系统均可以嵌入指挥平台，作为指挥平台的组成部分。

(三)总体技术架构

总体技术架构是实现上述解决方案的途径,一般包括基础层、数据层、应用层三个层次,基本逻辑见图6-9。在科普服务、智能服务的标准规范体系,网络信息安全体系,智能化系统运行维护体系和科技馆管理服务体系的整体框架内,基础层采集和传输数据,数据层集成和分析数据,应用层发挥数据作用。

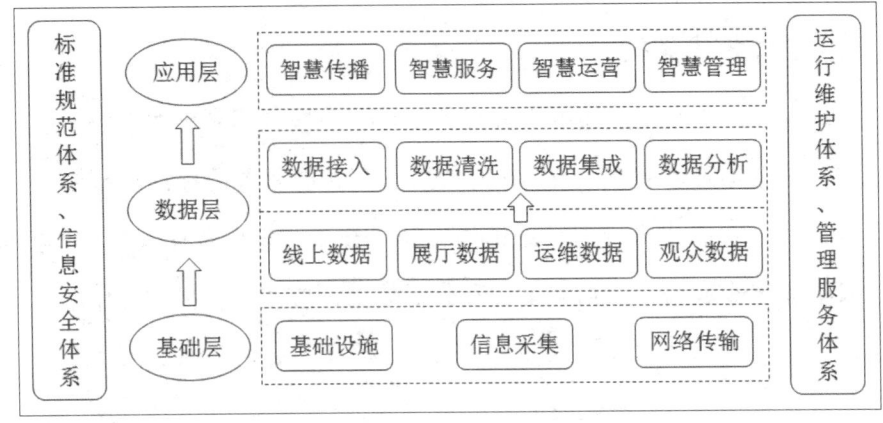

图 6-9　智慧科技馆的总体技术架构

1. 基础层

基础层包括基础设施、信息采集和网络传输三个基本部分，是将科技馆数字化的基础。基础设施包括机房、网络设备、存储设备、安全设备、服务器、交换机、摄像头等硬件设备，以及防火墙、安全软件、人工智能算法、数据库、资源库等软件设备。信息采集是指建设射频识别（RFID）、蓝牙、Wi-Fi、紫蜂（ZigBee）、传感器、摄像头等物联网传感设备，为数据采集做准备。网络传输是指通过 ADSL、光纤、局域网等有线网络，2G、3G、4G、5G 等无线网络，实现人机互动和数据传输。5G 时代的到来，将极大地提升网络传输速率，使智慧科技馆的基础层效率和品质获得质的提升。

2. 数据层

数据层包括数据采集和数据分析两个环节。数据采集指通过基础层的设备全方位地感知人（观众和工作人员）、物（展品和设备）、环境等信息，包括线上平台数据、展厅数据、运维数据和观众数据等。将采集到的数据传输到统一的数据中台，完成数据清洗、数据集成、数据计算，实现数据可视化、商务智能（BI）等，同时追求数据关联、数据挖掘、数据驱动等应用数据的能力。

3. 应用层

数据最终流向应用层，数据驱动的目的是为人服务。应用层包含了智慧传播、智慧服务、智慧运营、智慧管理的需求，大致分为指挥平台和观众平台。指挥平台为智慧科技馆的综合管理平台,根据使用人员的职权授予不同权限,处理不同事务。观众平台主要为观众服务,包括移动智能终端、馆内智能设备等,是观众体验智慧科技馆的平台。

智慧科技馆的设计将随着 5G 技术、信息技术、人工智能技术的飞速发展,以及科技馆相关方的使用反馈和需求变化,逐渐改进和趋于完善。不同科技馆也可根据经费条件和业务需求,选择部分系统进行智能化建设。

六、5G 时代的智慧科技馆实践

目前科技馆行业还没有真正意义上的智慧科技馆。一些科技馆正在进行建设整体智慧科技馆的尝试,如湖北省科技馆新馆、河南省科学技术馆新馆等;一些科技馆实现了部分功能的智能化,如中国科学技术馆实现了网络科普、观众管理、资源管理、影视科普的信息化,天津滨海科技馆实现了展厅中控系统、部分展品的人机互动系统。科技馆属于科技类博物馆,是博物馆的一种,显然目前文博系统的智慧博物馆实践走在了前面,智慧博物馆的实践对智慧科技馆建设同样具有重要的借鉴价值。

(一)智慧博物馆的实践

得益于互联网的东风,我国文博信息化事业蓬勃发展,在整体智能化方面做得比较好的有国家海洋博物馆、中国(海南)南海博物馆、湖南省博物馆等。

1. 国家海洋博物馆

国家海洋博物馆坐落于天津滨海新区,于 2019 年 5 月 1 日开始试运行。智慧博物馆管理和应用系统已于试运行之日全面上线,包括新媒体平台、社教服务系统、智慧导览系统、数据可视化互动应用、智慧博物馆综合业务平台、智慧博物馆数据运行中心等 20 余个功能相连、数据互通的子系统,整套系统覆盖了参观前、参观中、参观后的全流程信息服务和管理。

2. 中国(海南)南海博物馆

中国(海南)南海博物馆坐落于海南省琼海市,于 2018 年 4 月 26 日正式开放。围绕国家文物局"互联网 + 中华文明"的总体思路,融合"南海与文化"创新服务,南海博物馆以软硬件支撑环境为基础，覆盖互联网、移动互联网、现场服务三大公共服务入口，建设涵盖"一核+四大平台+十九个应用系统"的智慧博物馆体系。四大平台包括基础设施支撑平台、互联网服务平台、综合业务管理平台、场馆运行管理平台。十九个应用系统包括互联网服务平台的微门户系统、统一网络预约系统、跨平台统一信息发布系统；场馆运行管理平台的多媒体集控管理系统、微环境检测系统、IT运维管理系统、应用数据总线系统、统一认证管理系统、一体式可视化数字中心系统、客流监测系统；综合业务管理平台的协同办公系统、藏品管理系统、文创管理系统、图书资料管理系统、共享资源系统、志愿者管理系统、活动讲座管理系统、南海知识图谱系统等。

3. 湖南省博物馆

湖南省博物馆坐落于湖南长沙，于2017年11月29日完成更新改造并对外开放。根据段晓明馆长介绍，其智慧博物馆建设可简单概括为三点。一是强调实体博物馆和智慧博物馆两馆同步建设。一方面，推动教育、研究、保护、传播、展示、出版、科研等实体馆核心业务；另一方面，搭建资源数据大平台，在资源数据大平台的基础上建设对外的智慧服务系统和对内的智慧管理系统。二是注重基础数据采集，实施全馆全员的共建机制。把数据采集利用和数据库建设维护放到部门和岗位，提升全馆的协作共建意识，建立数据的长效采集和利用机制。三是业务数据与建筑数据结合，提升管理服务水平。前期建设了新馆建筑信息模型（BIM），然后建设满足公共服务和内部管理需求的综合运行管理智慧平台，推动BIM大数据和综合运行智慧管理平台大数据融合，将博物馆的三维空间数据和智慧博物馆的业务数据进行融合与对应。湖南省博物馆还于2019年"国际博物馆日"与湖南移动联合打造了全球首个5G XR博物馆，成为全球首个利用5G网络提供博物馆资源服务的博物馆。

（二）湖北省科学技术馆新馆的实践

湖北省科学技术馆新馆的智能化建设正在进行当中，目前已完成一期智能化（土建工程弱电及智能化）建设，二期智能化（全套智能化系统）正处在方案设计阶段。在理想情况下，湖北省科学技术馆新馆将依托现代科学技术，打造符合智慧传播、智慧服务、智慧运营、智慧管理基本要求的，实现"基础设施智能化、公众服务人性化、运营管理精细化"的科技馆智能化系统，以提升科技馆服务和管理水平。

新馆一期智能化建设主要包括计算机网络系统、综合布线系统、无线对讲系统、公共广播系统、信息发布系统、建设设备管理系统、能源监测管理系统、电子票务系统、视频安防监控系统、入侵报警系统、出入口控制系统、电子巡查管理系统、停车场管理系统、机房工程等楼宇智能化部分。二期智能化建设将在集成一期智能化系统的基础上，新增公众服务平台、综合管理平台、展厅服务平台、教育服务平台、在线办公平台和数据展示平台（见图6-10），争取打造成新时代符合公共服务和运营管理需求的真正意义上的智慧科技馆。

图6-10 智慧科技馆的基本技术架构

智慧科技馆是新时代科技馆的发展方向，然而当今科技馆智能化设计和建设还存在缺少科学深入的顶层设计，项目、数据和资源孤岛化，平台开发利用效率不高，业务部门参与意愿偏低，知识和技术储备不足，缺少技术标准，建设方向不明确或不连贯等问题。智慧科技馆施工可以依靠专业公司，然而如何设计和使用智慧科技馆，让这些智能化系统实际参与到科技馆日常工作中，真正实现为人服务的智慧化，还需要科技馆、企业和学术界在设计、施工、使用、维护的全周期继续进行更加深入的研究。

第七节　智慧博物馆与人工智能的完美融合

现代信息技术的快速发展，引起了人类社会一次又一次的变革。智慧地球的理念迅速普及，智慧博物馆概念在博物馆领域应运而生。在物联网、移动互联、大数据、云计算等信息技术的推动下，智慧博物馆探索建立智慧服务、智慧保护、智慧管理的应用模式。目前智慧博物馆的发展还是初级形式。人工智能被誉为"第四次产业革命"，世界各国纷纷将其作为国家重要发展战略，博物馆在即将到来的人工智能时代也将面临新的发展机遇和变革。国内外博物馆已开始探索在导览服务、游客管理、陈列展览、文物管理、文物保护修复及鉴定等方面与人工智能技术的结合。智慧博物馆从初级形式向高级形式——人工智能博物馆发展将是必然趋势。

人工智能（Artificial Intelligence，AI）是计算机科学的一个分支。早在20世纪70年代，人工智能、空间技术、能源技术被称为世界三大尖端技术。进入21世纪，人工智能、基因工程、纳米科学被世界学术界称为人类21世纪三大尖端技术。2016年阿尔法狗（AlphaGo）击败世界围棋高手，在社会上引起公众对人工智能的广泛关注。人工智能技术如自然语言处理、深度学习、神经网络、机器学习等发展迅速，在医疗、教育、军事、通信等领域应用广泛，对社会、经济、自然科学等产生重大影响。虽然目前还未真正踏入人工智能时代，但是技术的进步推动着人类社会向人工智能时代飞奔而去。博物馆是人类物质文明和精神文明传承的重要载体，肩负着征集、保护、研究、传播及展出人类及人类环境的物质及非物质遗产的使命。在人工智能时代来临之际，博物馆将从初级智慧化走向高级智慧化——人工智能化，人工智能技术给博物馆注入新的元素，带来新的发展机遇。本文在对智慧博物馆的起源、技术系统、具体实践进行概述的基础上，阐述了人工智能相关政策制度及研究领域，分析了人工智能在博物馆的应用及给博物馆带来的发展机遇。

一、人工智能时代的 AI 博物馆

智慧博物馆的发展与应用实践，以及大数据时代的到来，推动着博物馆的服务、管理、保护不断向着智慧化创新发展，让博物馆给公众耳目一新的感觉。但是如果从本文的立意视角来看，即人工智能视角，可以发现博物馆具有的自主学习、智能控制等智能特征并不明显，AI 时代的到来，博物馆已初步探索应用人工智能技术，满足公众对博物馆的需求，博物馆也将朝着人工智能方向发展。

（一）人工智能的发展政策与规划

近年来，世界各国纷纷将人工智能列为国家重要发展战略，AI 也成为各界的研究热点。谷歌发布"谷歌大脑"计划，百度推出"百度大脑"计划，微软成立人工智能研究院。2012 年英国就把人工智能列为国家八大重点发展技术之一，2015 年日本发布《机器人战略》，2016 年美国发布《为人工智能的未来做好准备》（Preparing for the Future of Artificial Intelligence）和《国家人工智能研发战略规划》（The National Artificial Intelligence Research and Development Strategic Plan）两份重要报告，英国也发布了《人工智能：未来决策制定的机遇和影响》（Artificial Intelligence: Opportunities and Implications for the Future of Decision Making）等报告。我国早在 2015 年 5 月发布的《中国制造 2025》就指出智能制造引领制造方式变革，我国制造业转型升级、创新发展迎来重大机遇。2016 年 3 月，《中华人民共和国国民经济和社会发展第十三个五年规划纲要》中提出要发展人工智能；5 月，国家发展和改革委员会牵头制订《"互联网+"人工智能三年行动实施方案》。2017 年 3 月，首次将人工智能写入政府工作报告；7 月，国务院出台《新一代人工智能发展规划》；10 月，将人工智能写入十九大报告，推动互联网、大数据、人工智能和实体经济深度融合；12 月，发布《促进新一代人工智能产业发展三年行动计划（2018—2020）》。习近平总书记在 2017 年 12 月的三次讲话和贺信中都提到了"人工智能"。2018 年 3 月，人工智能再次被写入政府工作报告。截至 2018 年，国家密集发布了多项关于人工智能的政策，可见人工智能已成为引领科技发展的重要驱动力，政府将人工智能上升到国家战略高度。

（二）人工智能研究领域

英国机器人专家凯文·沃维克（Kevin Warwick）在《人工智能》一书中根据涵盖的学科将 AI 分为计算机视觉，包括模式识别、图像处理等；自然语言处理，包括语音识别、合成以及语音对话；认知与推理，包括各种物理和社会常识；机器人学，包括各种机械控制、设计、运动规划和任务规划等；博弈伦理，包含多代理人的交互、对抗和合作、机器人与社会融合等议题；机器学习，包含各种统计的建模、分析工具和计算方法。AI 与其他领域相结合，呈现出诸如工业4.0、智能家居、无人驾驶、智能监控、智能医疗等"人工智能＋应用场景"发展形态。AI 在博物馆的应用包括专家系统、自然语言处理、模式识别、机器学习、智能检索和机器人等在文物展示、藏品管理、导览服务、游客管理、文物鉴定、文物保护修复、博物馆自动化等方面的应用。

（三）AI 在博物馆中的应用实践

2017 年 12 月，国家文物局与百度公司在世界互联网大会上签署了战略合作协议，通过合作搭建文物百科网络平台、建立数字化博物馆等形式，共同推进"互联网＋中华文明"行动计划。2018 年 5 月 18 日国际博物馆日，国家文物局在上海举办主题为"超级链接的博物馆：新方法、新公众"的活动，并与百度联合启动"用科技传承文明：AI 博物馆计划"，利用 AI 技术让文物活起来，进一步推动"互联网＋中华文明"建设。"AI 博物馆计划"融合众多百度产品以及技术支持，包含智能搜索、智慧地图、图像识别、语音交互导览、机器翻译、AI 教育等功能模块，将通过百度搜索、熊掌号、百度地图、百度百科等多个产品实现落地。其实，在"AI 博物馆计划"启动之前，国内外很多博物馆已在探索与人工智能技术的结合，丰富观众在博物馆的体验，充分发挥博物馆的社会价值。

在文物展示方面，秦始皇帝陵博物院携手百度启动"百度 AI 秦始皇兵马俑复原工程"，游客通过手机百度 AR 功能扫描相关触发物就可以"唤醒"秦始皇帝陵下沉睡的秦兵马俑军团。百度公司启动"AI 文化遗产复原计划"，通过多项人工智能新技术,让我国丰富的文化遗产以更加生动的方式被大众了解、熟知。

在导览服务方面,湖北省博物馆在2018年元旦期间推出了"国宝讲解机器人",为其四大镇馆之宝之一的"元青花四爱图梅瓶"进行讲解。在交互设计支撑下,机器人可以为游客智能解答有关文物的"前世今生"。仅在假期3日内,"国宝讲解机器人"的互动量就已超7000次,游客满意度达93%。金华市博物馆首次引进机器人讲解员,机器人"艾米"与"奉天承运——明清圣旨精品展"同时亮相。作为导览机器人,"艾米"可自动完成环境探索,带领游客参观展览。

在观众管理方面,拿破仑博物馆采用人脸识别技术和智慧导览等智能设备,实现了对参观者的智能化数据采集和分析。国家美术馆为了分析观众访问数据,采用Dexibit的工具,并由此预测未来的观众访问情况。

在文物管理方面,挪威国家博物馆正在试验机器学习和深度神经网络,利用机器视觉识别和标记图像,统计藏品信息。在文物保护修复方面,西班牙雷纳·索菲亚博物馆(The Reina Sofia Museum)有一位名叫"帕布里托"的机器人员工,它可以拍摄精确度极高的照片,工作人员在其帮助下修复了馆内多幅珍贵的藏品。在文物鉴定方面,罗格斯大学的艾哈迈德·埃尔加马尔(Ahmed Elgammal)教授带领团队研发了一款能鉴别画作真伪的AI。

AI与博物馆融合,推进博物馆发展,让观众与文物可以更加轻松地"对话",使博物馆的管理更加智能化,尤其在将来机器人技术、深度学习、神经网络、超级AI的发展和应用,会使博物馆朝着人工智能化大步迈进,可以认为人工智能博物馆是智慧博物馆的高级发展形式。

二、人工智能给博物馆带来的机遇分析

21世纪以来,科学技术的进步引起社会变革,各种新时代不断涌现。网络社会时代,计算机普及,将人类距离迅速拉近;大数据时代,"数据"成为关注的核心,博物馆也开始了数字化建设;智慧时代,在"智慧"的理念下,博物馆关注"人—数据—物"的互通交流,开展智慧管理、智慧服务、智慧保护,探索智慧博物馆的初级形式;人工智能时代,人类向着智能化迈进,博物馆也朝

着智慧化的高级形式——人工智能博物馆迈进。这些新时代既有明显差异，又相互依存，给博物馆发展带来一次次新机遇，促进博物馆事业不断向前发展。

（一）国际趋势、国家战略是关键动力

纵观近些年国际社会与科技的发展潮流，人工智能的发展对人类社会结构产生重大影响，是人类进入信息社会后继续前行的重要标志，是国际科技发展的大潮流，将引领新一轮技术革命。从国内来看，国家鼓励发展人工智能，对人工智能技术给予高度重视，人工智能在国家战略、政府推动之下阔步前行。国际科技形势的发展变化、国家政策的支持为博物馆人工智能的发展提供强大的动力。博物馆的服务不再是被动的灌输式服务，而是主动的体验式服务，人工智能在建立博物馆新的服务体系中发挥重要作用。现阶段，博物馆应该把握人工智能发展的机遇，借着国际趋势和国家重视的"春风"，既开展 AI+博物馆的实践应用探索，也加强理论研究，为博物馆利用人工智能打下坚实的理论基础。

（二）促进博物馆事业发展是核心支撑

人工智能是技术、是手段，博物馆利用人工智能是为了促进博物馆发展、提升博物馆服务水平。在博物馆中引进人工智能技术时，不仅要关注如何服务博物馆、服务社会、满足观众需求，还应关注人工智能相关理论与方法是否在博物馆学研究和博物馆事业发展中得到充分应用。不仅要充分利用自上而下"国家→人工智能→博物馆"的战略规划，还应建立自下而上的"博物馆→人工智能→国家"的反馈机制。双向沟通促进博物馆与人工智能技术的深度融合，充分发挥博物馆服务社会、服务公众的功能，促进博物馆理论的更新与技术的进步，为博物馆事业的发展注入新的生命力。

（三）人工智能技术发展应用是外在推动因素

第一次工业革命，人类进入蒸汽时代；第二次工业革命，人类进入电气时代；第三次工业革命，人类进入计算机及信息技术时代；以人工智能、机器人、量子通信、生物技术、虚拟现实等前沿技术为代表的第四次工业革命是一场全新的技术革命。每一次技术的进步都给人类社会带来翻天覆地的变化，人工智能技术的

发展应用是博物馆技术革新的外在推动因素,为博物馆发展带来新的机遇。百度、腾讯、谷歌、微软、苹果、IBM 等互联网企业正在积极推进人工智能技术的研发和与各领域的应用合作,抢占产业发展制高点。人工智能技术在活化博物馆、活化文化遗产方面有着得天独厚的优势,其渗透到文化产业创造、文化传播等各层面,让更多的人了解博物馆,感受文化,探索历史,让博物馆变得更加精彩。

(四)跨学科、跨领域的协作融合是有力保证

人工智能在任何学科、领域的应用,都不可能由单个学科、领域独立完成,都必须以该学科、领域的需求、功能、特征等为导向,协作融合,充分利用人工智能的技术优势,促进学科发展和社会进步。博物馆本就包罗万象,是一个跨学科的领域,保存、陈列、研究、展示着人类珍贵的物质文化遗产和精神文化遗产。博物馆在应用人工智能技术时,要从方法交叉、理解借鉴、问题拉动、文化交融四个层次促进 AI+ 博物馆的发展,体现 AI 在博物馆管理与服务领域的地位与优势,及对博物馆建设和发展的价值与意义。

人工智能已上升为国际、国家战略,2011 年兴起"深度学习",使 AI 迎来第三次研发和应用高潮,成为国际竞争的新焦点,也是推动社会经济发展的新引擎。近几年,在全世界范围内,人工智能的理论建设、实践应用、技术创新等迅速推进,各领域从数字化、网络化向智能化不断跨越。"未来 10 年,不仅仅是高科技领域,任何一个企业,如果不尽早为自己的业务流程引入'AI+'的先进思维方式,就很容易处于落后的追随者地位。"21 世纪以来,博物馆事业迅速发展,进入智慧博物馆初级阶段,但在人工智能时代到来之后,应该跟上时代步伐,向智慧博物馆的高级形式——人工智能博物馆方向发展,为大众提供智能化服务,对博物馆进行智能化管理,开展智能化的研究、展示、传播工作。

参考文献

[1]《孔子故里》编辑委员会.中国博物馆漫步 孔子故里 东方智慧的文化殿堂[M].杭州：浙江人民美术出版社，2000.

[2] 北京数字科普协会.数字博物馆发展新趋势[M].北京：中国传媒大学出版社，2014.

[3] 湖北省人民政府台湾事务办公室主编.海峡两岸博物馆弘扬中华文化论坛论文集[M].武汉：湖北人民出版社，2016.

[4] 李桂玲，贾利光.博物馆与非物质农业文化遗产保护研究[M].北京：华文出版社，2015.

[5] 潘力，刘剑平.文博创造力 高校博物馆理论与实践[M].北京：中国传媒大学出版社，2018.

[6] 文物保护领域物联网建设技术创新联盟.智慧博物馆案例 第1辑[M].北京：文物出版社，2017.

[7] 阎利娟，于明.博物致智：博物馆课程理念与实践（上）[M].西安：陕西人民出版社，2020.

[8] 郑霞.博物馆学认知与传播文丛 数字博物馆研究[M].杭州：浙江大学出版社，2016.

[9] 中国博物馆协会登记著录专业委员会.中国智慧博物馆蓝皮书2016[M].北京：红旗出版社，2016.

[10] 周孙煊.数字化服务为导向的智慧博物馆综合平台建设研究[M].成都：电子科技大学出版社，2019.

[11] 忻歌.博物馆智慧体验探索 上海天文馆项目研究与实践[M].上海：上海世界图书出版公司，2021.

[12] 段勇. 智慧博物馆理论与实务 [M]. 上海：上海大学出版社, 2021.

[13] 中国博物馆协会登记著录专业委员会. 中国智慧博物馆蓝皮书 2020[M]. 北京：中国书籍出版社, 2021.

[14] 弭辉著. 新型智慧博物馆发展趋势 [M]. 长春：吉林文史出版社, 2020.

[15] 中国博物馆协会登记著录专业委员会著. 中国智慧博物馆蓝皮书 [M]. 北京：世界知识出版社, 2018.

[16] 王如梅著. 智慧博物馆 物联网在博物馆领域的应用 [M]. 北京：北京燕山出版社, 2014.